Heinz Kleger

AF199807

Flüchtlingshilfe –
von der Notsituation
zur Integration

ISBN: 978-3-743-15357-8

Impressum

Herausgeber:

Neues Potsdamer Toleranzedikt e. V. | Gutenbergstraße 62 | 14467 Potsdam

www.potsdamer-toleranzedikt.de

Autor: Heinz Kleger

Umsetzung: medienlabor GmbH | www.medienlaborpotsdam.de

Bildnachweise: Seite 6: Lydia Geissler / Fotolia.com; Seite 68 und 78: Daniel Wetzel;

Seite 81, 82 und 83: Neues Potsdamer Toleranzedikt e.V., Seite 88: Screenshot: http://potsdam.helpto.de

1. Auflage, 2017

Erhältlich im Buchhandel und im Internet-Buchhandel, sowie als ebook.

Herstellung und Verlag: BoD - Books on Demand, Norderstedt

Inhalt

Vorwort

Nachdem im Winter 2015/2016 dank des freiwilligen Einsatzes von Vielen für eine Millionen Flüchtlinge warme Unterkünfte und eine erste Notversorgung gewährleistet werden konnte, geht es nun in einem zweiten Schritt um die langwierigen Aufgaben der Integration. Diese brauchen viele Hände und Köpfe, Geld, Zeit und Geduld. Die immer wieder herausgeforderte Integrationsbereitschaft auf beiden Seiten ist Voraussetzung für Weiteres. Darunter sind langjährige Prozesse der Identifikation und Identität, wodurch sich Deutschland nicht abschaffen, aber verändern wird. Die Debatte darüber ist selber Teil des Prozesses.

Anstelle bloßer Moralisierung und Etikettierung, die florieren, sind *kreativer Pragmatismus* und *demokratische Konfliktfähigkeit* gefragt. Dies wiederum setzt eine bestimmte praktische Philosophie und politische Theorie voraus, die themen-, problem- und prozessorientiert arbeitet. Sie begreift politische Rationalität als Problemlösungshandeln. Dafür werden *im ersten Teil* der vorliegenden Broschüre einige Hinweise und Anregungen gegeben, damit der Übergang von der Willkommenskultur zur demokratischen Alltagskultur gelingt.

Insbesondere die *Städte* und *Kommunen* sind als *Integrationswerkstätten* herausgefordert. Dafür benötigen sie mehr Aufmerksamkeit und Unterstützung innerhalb eines solidarischen Bundesstaates. An das Know-how der städtischen Integrationskonzepte kann angeknüpft werden. Seit langem gibt es *gerade* im Integrationsbereich viel Erfahrung und originelle Projekte, die wirksam sind. Hier braucht das Rad nicht neu erfunden zu werden.

Im zweiten Teil der Broschüre geht es ganz pragmatisch um direkte, schnelle und einfache Hilfe. Die Flüchtlingsthematik im Herbst 2015 wurde zu einer *Bewährungsprobe für das Neue Potsdamer Toleranzedikt*, welches 2008 in einem breiten Stadtdialog erarbeitet worden ist. Seine Grundsätze und Selbstverpflichtungen sollen Anknüpfungspunkte für eine effektive Praxis sein. Es stellte sich heraus, dass es an einer digitalen Vernetzung der Akteure im Bereich der Flüchtlingshilfe mangelt. *HelpTo*, das am 7. Oktober 2015 online ging, will deshalb Flüchtlinge mit Initiativen, engagierten Bürgern, Unternehmen, Organisationen und Kommunen verbinden. Das Portal verbreitete sich schnell über Brandenburg hinaus und ist inzwischen mit 80 Portalen in 11 Bundesländern präsent. Es wächst von der *Nothilfe* zu einem *Integrationsportal*. Was es leisten kann, wird hier erstmals empirisch analysiert.

Wir sind in unserer gehetzten Zeit gut beraten, medialen Aufregungen und schnellen Empörungen nicht gleich zu folgen. Probleme und Konflikte, die es immer gibt, bedeuten noch keine Krise: Deutschland ist mehr *Nicht-Krise* als Krise. Verblüffungsresistenz als Tugend einer Aufklärung mit Wirklichkeitssinn bemüht sich, mit den Realitäten, wie sie sind, zurecht zu kommen. Handlungsmöglichkeiten, die auszuschöpfen sind, gibt es genug. Realismus und Skepsis vermindern politisches Bewusstsein und Handlungsfähigkeit nicht, im Gegenteil. An einer *offenen Welt mit durchlässigen Grenzen* wird mit starker Toleranz und langem Atem weiterzuarbeiten sein. Dafür brauchen wir ein *Engagement*, welches *Sinn* und *Freude* macht. Was bisher geleistet wurde, berechtigt zu Vertrauen und Zuversicht.

Heinz Kleger

Neue Nachbarschaften.

Dimensionen und Prozesse der Integration.

Einleitung: Einen Masterplan gibt es nicht

Die Kommunen haben im Moment eine Atempause. Insofern ist das Datum der Konferenz gut gewählt.[1] Nachdem in diesem Winter dank dem freiwilligen Einsatz von Vielen für eine Million Flüchtlinge warme Unterkünfte und eine erste Notversorgung gewährleistet werden konnten, geht es *jetzt* um die bevorstehenden schwierigen und großen Integrationsaufgaben. Was das Land und die Menschen in diesem Winter geleistet haben, berechtigt zu Vertrauen und Zuversicht. Wieviel in kurzer Zeit angesichts offensichtlicher Überforderungssituationen der Behörden und der Politik getan wurde, sozusagen als demokratisches Regieren von unten[2], als Mikropolitik, war erstaunlich und ist ermutigend. Die demokratische Legitimation von oben hätte dagegen weit besser sein können, was ebenso ein Teil des Problems geworden ist.

Allenthalben wird nun eine schnellere Integration angemahnt, als ob solche mehrdimensionalen Prozesse kurzfristig plan- und realisierbar sind. Wir haben uns angewöhnt, gerade von der Politik (in Deutschland: letztlich vom Staat[3]) in kurzen Fristen viel zu fordern. Von solch hohen und oft kontraproduktiven Erwartungen müssen wir herunterkommen, um die anstehenden Aufgaben in Ruhe und Gelassenheit einigermaßen bewältigen zu können. Es könnte sich als fatal erweisen, wenn wir hierfür Maßstäbe der Effizienz und Schnelligkeit aus anderen Bereichen anlegen. Dann werden wir dem, was in den nächsten 10 bis 30 Jahren zu leisten ist, nicht genügen können. Die Flüchtlingsintegration, die schwierig und langwierig ist, wird nicht automatisch, wie manche versprechen, den Fachkräftemangel oder die demographischen Probleme lösen.

Zudem müssen wir uns frühzeitig und offen auf Probleme und Konflikte einstellen, die nicht einfach sind und bisweilen auch eskalieren können: Nicht nur die Inhalte der Auseinandersetzungen, sondern ebenso ihre Formen sind deshalb wichtig – der Umgang miteinander darf nicht verrohen. Die übergriffige Kommunikation hat zugenommen, wie das Beispiel des Berliner Wahlkampfes im September 2016 belegt.

Wie wir aus der Migrationsgeschichte wissen, dauern Integrationsprozesse nicht nur lange, sondern setzen vonseiten der Aufnahmegesellschaft wie vonseiten der Einwanderer bestimmte Haltungen wie Offenheit, Geduld und Toleranz voraus. Einwanderer benötigen darüber hinaus konkrete Perspektiven, Unterstützung und gute Nachbarschaft. Das historische Edikt von Potsdam 1685 war ein von A bis Z in vierzehn Artikeln durchdachtes Einladungsedikt.[4] So etwas steht uns heute nicht zur Verfügung, wir haben keinen Masterplan, obwohl davon geredet und geschrieben wird.[5] Wir müssen vielmehr den Übergang von der Willkommenskultur zu einer tragfähigen demokratischen Alltagskultur selber schaffen, womit nicht nur viele Akteure, sondern viele Menschen, ja die große Zahl, welche die *zivile* Masse ausmachen muss, ins Spiel kommen.

Die politische Theorie ist an der Kreation von Handlungsmöglichkeiten interessiert und an Wegen, die zu Lösungen führen können. Manche optimistische Sicht kann sich dabei als naiv herausstellen, aber ebenso manche pessimistische Sicht als falsch. Es ist deshalb mit kürzeren und längeren Wegen (etwa in den Arbeitsmarkt) zu rechnen wie mit Überraschungen und Enttäuschungen.[6] Meist fehlen die genauen Daten oder es wird um ihre Aussagekraft gestritten. Nach anfänglicher Euphorie sind die Industrie- und Handelskammern inzwischen – schon Mitte 2016 – ernüchtert.[7] Sie suchen zwar dringend Arbeitskräfte, belastbare Zahlen über die Ausbildung von Flüchtlingen in der Schule und für den Beruf gibt es allerdings kaum. In der Praxis finden Flüchtlinge und Arbeitgeber deshalb nur schwer zusammen, obwohl die Verbände viele Projekte angeschoben haben.[8] Firmen müssen in ihren Betrieben selber die Integration befördern. Das Haupthindernis bleiben dabei die fehlenden Deutschkenntnisse, die nicht von heute auf morgen erworben werden können. Solche Akkulturationsprozesse wie Sprachwechsel benötigen Zeit, weniger für die Kinder, die gute Schulen besuchen können, als für die Erwachsenen und ihre Familien.

Bisweilen sind die Befürchtungen ebenso überzogen wie die Erwartungshaltungen. Außerdem entstehen ständig neue Probleme – beim Berufseinstieg, an den Schulen, in der Verständigung mit den Eltern usw. Deshalb sollten wir versuchen, auf der Basis der ideellen Werte der Demokratie, einen realistisch-kritischen Weg einzuschlagen, der neue Perspektiven hervorbringt und Ängste abbaut. Dazu benötigen wir zunächst einen konstruktiven Umgang mit Differenzen, der in den verschiedenen Bereichen zu implementieren ist. Darauf werden wir gleich im *1. Kapitel* zu sprechen kommen, denn es ist grundlegend. Das *2. Kapitel* behandelt sodann die Konflikte, die aus den Differenzen einer differenzierten Gesellschaft hervorgehen. Dabei geht es um die friedliche und demokratische Zivilisierung dieser Konflikte. Historisch durchgestandene und aktuelle Konflikte integrieren auf einer jeweils neuen Stufe und bringen somit die Gesellschaft wie ihre Individuen weiter. Konflikte können aber auch eskalieren und in Zustände entgleisen, die schlimmer sind als jede Form der Desintegration. Die rechtsstaatliche Demokratie versucht dies zu verhindern, sie ist das historische Experiment der Freiheit und steht zugleich zuverlässig gegen eine Politik des Hasses, aus der Gewalt hervorgeht.

Das *3. Kapitel* argumentiert deswegen mit einer politischen Theorie der verfassungsdemokratischen Bürgergesellschaft, die nicht nur an eine institutionelle Instanz delegiert werden kann. Diese politische Theorie versucht buchstäblich zu zeigen, was ein aktiver Verfassungspatriotismus, der von verschiedenen Seiten und hinreichend Vielen vertreten wird, bedeuten kann. Das *4. Kapitel* ist das Wichtigste, denn es kommt bei der ‚Integration von Fremden‘ vor allem auf die Städte an. Sie sind die Integrationswerkstätten der Nation und verändern diese. Dafür müssen sie mehr Aufmerksamkeit und Unterstützung bekommen. Das *5. Kapitel* weist sodann darauf hin, dass die Städte schon immer Zufluchtsstädte einer offenen Welt waren, was lehrreich und aktuell bleibt. Es wäre auch in EU-Europa mit wenig Aufwand zu aktualisieren. Die urbane Zivilisation lebt von Migration. Das *6. Kapitel* stellt die neuen Nachbarschaften für eine effektive Integration in den Vordergrund. Toleranz bedeutet lebenspraktisch gute Nachbarschaft von Vielen, damit der Übergang von der Willkommenskultur zur Alltagskultur gelingt. Zum *Schluss* landen wir wieder bei unserer Heimatstadt Potsdam, die im September 2015 die „absolute Krisensituation" ausgerufen hatte. Gegenwärtig sind es hier wie überall bestimmte Stadtquartiere, die für den Übergang zu einer neuen Alltagskultur – jenseits medialer Aufgeregtheiten und schneller Empörungen – einstehen: Hier werden die großen Worte jeden Tag in kleiner Münze gelebt und geteilt.

1. Konstruktiver Umgang mit Differenz

Über kaum einen Begriff wird gegenwärtig mehr gesprochen als über Integration. Es handelt sich (a) um einen Grundbegriff der Sozialwissenschaften und der politischen Theorie, der alles andere als klar und einfach ist. Seit den konfessionellen Bürgerkriegen im 16. und 17. Jahrhundert wird darüber nachgedacht, was eine soziale und politische Ordnung unter Bedingungen der Freiheit heißen könnte, und wie sie zu stabilisieren ist.[9] Immer geht es dabei auch um das Verhältnis von Individuum und Gesellschaft. Unter den heutigen modernen westlichen Bedingungen des Individualismus und Pluralismus wird dieses Problem nicht einfacher, sondern schwieriger und komplexer. Nicht nur die Freiheit als Optionalität fordert von den Einzelnen mehr ab als eingelebter Traditionalismus, auch der moderne Staat kann die friedliche zivile Ordnung einer demokratischen Zivilgesellschaft von oben nicht einfach erzwingen, wie das Hobbes' Leviathan, der als Urbild des modernen Staates gilt, suggeriert.[10]

Der normativ-politische Gehalt des Begriffs Integration, der inzwischen – unstrittig und umstritten zugleich – zu dem gesellschaftlichen *Leitbegriff* (b) avanciert ist, was dazu führt, dass er laufend überstrapaziert wird, ist ebenso wenig geklärt, wie die genaue Unterscheidung verschiedener Dimensionen (1.) und Prozesse (2.) der Integration. All dies enthält wertende Elemente, die auf eine gelungene oder misslungene Vergesellschaftung Bezug nehmen. Was ist eigentlich das genaue Gegenteil von Integration? Wie misst man sie? Integration kann auch scheitern, und ein gewisses Maß an Desintegration, die mit einem hohen Maß an Freiheit verknüpft ist – das sehen wir gerade in den attraktiven Städten –, ist nicht nur schlecht, sondern gehört vielmehr zur urbanen Toleranz wie die Luft zum Leben. ‚Unvollständige Integration' ist in diesem Zusammenhang kein Defizitbegriff, sondern positive Bedingung städtischer Produktivität.[11] Urbanität bedeutet Dichte, Mischung, Offenheit und Überraschung zugleich; sie ist ebenso eine Struktur wie eine Verhaltenstugend; ohne die facettenreiche, kaum zu beschreibende Toleranz als Koexistenzphilosophie der Vielen (multitudo) funktioniert sie nicht. Also ginge es im Grunde genommen um die richtige Balance zwischen Integration und Desintegration, die in beide Richtungen – zu viel Integration (bzw. Überanpassung) oder zuviel Desintegration (bzw. Anomie) – nicht verloren gehen darf. Desintegration oder Differenzierung ist jedenfalls nicht das Gegenteil von Integration.

Die politisch-rechtliche Integration moderner Gesellschaften bildet in einer Demokratie den grundlegenden Rahmen (c). Auf dieser Basis, bei der die Grundrechte der Bürger und Bürgerinnen nicht zur Disposition stehen und politisches Handeln auf friedliche Mittel beschränkt bleibt, lassen sich Konflikte, Verfahren und die aus ihnen folgenden, nicht immer für alle angenehmen bindenden Entscheidungen anerkennen. Nachhaltige gesellschaftliche Integration verläuft deshalb durch Partizipation und durchgestandene Konflikte. Die Toleranz der Demokratie schließt Konflikte nicht aus, sondern ein. Sie ist weich, aber nicht schwach. Obwohl das alles nicht selbstverständlich ist, sondern vielmehr von mannigfachen Voraussetzungen abhängig bleibt, werden in den tagespolitisch aufgeregten Debatten unter der Integrationsproblematik meistens nur soziale Probleme oder kulturelle Unterschiede verstanden.

Diese Sichtweise ist oft mit einem unterkomplexen Blick auf die Welt der Einwanderer, die vielfältig ist, verbunden. Die Vorstellung, „Migranten seien komplett fremd, unterschätzt die Wirklichkeit genauso wie die komplementäre Erwartung, jemand müsse sich komplett assimilieren, um ganz dazuzugehören."[12] Der Begriff der Zugehörigkeit ist reicher, da wir von mehrfachen Bezügen der Identität ausgehen müssen. ,Nation' ist wichtig und gehört dazu, sie ist aber ebenso ein historischer Begriff und damit ein veränderbares politisches Projekt wie ,Staat' oder ,Verfassung'. Ausserdem ist sie nicht der einzige Identitätsbezug. Zwischen den verschiedenen Bezugsgrößen gibt es Zusammensetzungen (Nationalstaat) und Konflikte. Nicht nur die inhaltliche Füllung der Grundbegriffe (Staat, Nation, Verfassung) ändert sich, sondern auch ihre Beziehung zueinander, ihre Konstellation. Die faktische Mehrfachidentität ist mithin ein Prozess und eine widersprüchliche (Balance-) Einheit.

Wurzeln sind wichtig, sie können aber auch abgeschnitten werden. Identität ist nicht zufällig das große Thema unserer Zeit. Die Grundrechte geben Raum für die unterschiedlichen Identitäten der Individuen.

Seit den 70er Jahren gibt es eine Diskussion über Differenz, die sich gegen vereinfachte homogene Vorstellungen von Gesellschaft richtet.[13] Bei dieser Politik der Differenz geht es um verschiedene Lebensformen und Lebensstile, die zur Entfaltung kommen sollen, mithin um das, was uns – auch erst nach langer Zeit und erheblichen Widerständen sowie bestimmten materiellen und kulturellen Umständen – als Pluralismus und Individualismus persönlich wichtig geworden ist. Typisch für diese normative Verteidigung der Differenz ist die Kritik an der Homogenisierung und der Zentralisierung als dominante ‚Gleichmacherei‘ von oben, welche der Liberalität individueller Freiheit widerspricht. Die Forderung nach Differenz erscheint somit als Fortsetzung der modernen Auseinandersetzung um das Verständnis von Freiheit und Gleichheit.[14] Dabei geht es um die Beseitigung diskriminierender Unterschiede in der Gesetzgebung sowie die gleichberechtigte Pluralität von Lebensformen, was impliziert, dass notwendige Bedingungen geschaffen werden müssen, um Jedem und Jeder die Partizipation an den gesellschaftlichen Ressourcen zu gewährleisten. Freiheit und (nicht buchstäbliche) Gleichheit bedingen also einander.

Auf diesem Hintergrund lässt sich sodann fordern, dass Integration erst dann erreicht ist, wenn es keine Unterschiede mehr im Zugang zu Gütern wie Arbeit, Wohnung, Bildung und Kultur gibt.[15] Dieser anspruchsvolle Ansatz versteht sich als Alternative zum Begriff der Assimilation, der älteren Datums ist. Assimilation fordert, dass sich Individuen in verschiedenen Stärkegraden der Mehrheitsgesellschaft und ihrer Kultur angleichen müssen. Das ist nahe bei der sogenannten ‚deutschen Leitkultur‘. Bayern will 2016 sein neues Integrationsgesetz an seiner Leitkultur ausrichten. Mit anderen Worten: Die deutsche Leitkultur soll in der bayrischen Verfassung verankert werden: „Deutsche Leitkultur statt Multikultur" lautet die Parole. Ist ‚Leitkultur‘ überhaupt ein sinnvoller Begriff? Und worin besteht die deutsche Leitkultur genau? Was kann und soll wie aus ihr abgeleitet werden? Darüber gibt es seit langem eine kontroverse Diskussion,die wieder aufgeflammt ist. Dagegen setzen wir hier die Kraft des Grundgesetzes (einschließlich bayrische oder brandenburgische Verfassung usw. sowie die europäische Grundrechtecharta) als Verfassungspatriotismus, der den unterstellten Grundwerte- und Verfahrenskonsens (rechtsstaatliche Demokratie), der darin steckt, auf verschiedenen Wegen und in unterschiedlicher Weise aktiviert.

Der Begriff der Assimilation wird in der Sozial- und Politikwissenschaft inzwischen eher selten verwendet, hat sich aber dennoch in den Köpfen festgesetzt. Er kommt weiterhin in unterschiedlichen Vorstellungen von Integration zum Ausdruck[16]. In letzter Zeit wird er im Zusammenhang mit der muslimischen Einwanderung wieder häufiger mit Integration, die funktioniert, gleichgesetzt. Ein Mittelweg zwischen vollständiger Assimilation und totaler Absonderung (oder Isolation) ist indessen möglich. Dieser zweiseitige Weg der interkulturellen Verständigung benötigt Zeit, Toleranz und eigene Anstrengung. Er setzt Folgendes voraus:

1. die Akzeptanz der Einwanderungsgesellschaft und der Migration, die nicht statisch ist, sondern eine Geschichte hat;

2. die Notwendigkeit sozial-struktureller und interkultureller Integration, was seinen Preis hat;

3. die politisch gewollte Förderung der Integration auf allen Ebenen.[17]

Aktive Integrationspolitik ist die Konsequenz.[18] Das heißt: Die Integration muss gewollt und gewünscht sein, sie wird somit selber zu einem politischen Begriff. Das heißt in der Folge immer auch: zu einem umkämpften Begriff. Im Gesamtüberblick kommt man auf zwölf analytische Dimensionen der Integration[19]:

► rechtliche Integration,
► politische Integration,
► Bildungsintegration,
► Arbeitsweltintegration,
► materielle Integration,
► institutionelle Integration,
► kognitive Integration,
► soziale Integration,
► identifikatorische Integration,

- ► Einwanderungsland,
- ► interkulturelle Integration und
- ► diversity mainstreaming.

Ein anderer ungeklärter Begriff, der schlagwortartig eine Rolle spielt, ist der Multikulturalismus.[20] Vor nicht allzu langer Zeit hat die Bundeskanzlerin noch gemeint, dass der Multikulturalismus nicht nur gescheitert, sondern „absolut gescheitert" sei, worauf ihr viele gerne gefolgt sind. Was aber meinte sie damit? Das europäische Verständnis von Multikulturalismus definiert ihn als institutionalisierte, staatlich sanktionierte Segregation, die mit der Vorstellung primärer ethnischer Gruppen verbunden ist (‚ethnos' vor ‚demos'). Dahinter steht ein Verständnis von Migration, das die politische Debatte auf Fragen des Zusammenlebens zwischen Kulturen beschränkt. Inzwischen wissen wir aber, wie viele verschiedene individuelle Situationen und Subkulturen es unter Migranten gibt, einschließlich sich häufender postmigrantischer Situationen. Wir brauchen dafür nur einen Blick auf die türkische Minderheit in Berlin zu werfen, die alles andere als kompakt und ‚vollintegriert' ist, was immer das heißt, sicherlich nicht: die

Auslöschung der Freiheit der Individuen.

Laut einer neuen Emnid-Umfrage fühlen sich fast 90 Prozent der Deutschtürken eng mit Deutschland verbunden[21], fast ebenso viele jedoch auch mit der Türkei. Die große Mehrheit hat eine positive Haltung zu den Christen. Gut integriert zu sein, bedeutet für die zweite und dritte Generation aber auch, selbstbewusst zur eigenen Herkunft zu stehen. Herkunft, Gegenwart und Zukunft bilden einen Zusammenhang, der nicht ohne Widersprüche ist. Der Leiter der Studie sieht eine „Diskrepanz zwischen dem Gefühl, angekommen zu sein", was für 90 Prozent (!) der Befragten zutrifft, und fehlender sozialer Anerkennung, worauf er die vehemente Verteidigung des Islams zurückführt.[22] Für fast die Hälfte der Befragten gibt es nur „eine wahre Religion" und – was beunruhigender ist – für sie ist die Befolgung islamischer Gebote wichtiger als die deutschen Gesetze.[23]

Verweigerte Handschläge gibt es viele, nicht erst heute. Sie können unterschiedliche Bedeutung haben. Der verweigerte Händedruck zweier syrischer

Schüler (14 und 16 Jahre alt) gegenüber ihrer Lehrerin in einer Sekundarschule in Therwil (Kanton Basel-Land) gab kürzlich (April 2016) in der Schweiz und darüber hinaus viel zu reden, ja führte sogar zu einer Grundsatzdebatte über Integration. Die Schüler begründeten die Verweigerung religiös aus ihrem Islamverständnis heraus, welches die Berührung mit einer Frau verbietet. Der Schulleiter reagiert zunächst – wohl aus einer Unsicherheit heraus – tolerant und pragmatisch. Er wollte eine Ausnahme von der Verhaltensregel an der Schule, den Lehrern die Hand zu geben, erlauben – bis es zu Protesten kam und der Fall sich ausweitete. Versetzen wir uns in die Lage des Schulleiters, so können wir uns fragen: Ist hier Urteilsfähigkeit im Einzelnen und daraus entspringende Toleranz gerechtfertigt? Handelt es sich um Gleichgültigkeit oder um einen berechtigten Kompromiss – oder ist es ein falscher Kompromiss, der keinerlei konfliktfähige Haltung, vielmehr aber eine falsch verstandene Toleranz zeigt?

Eine rechtliche Prüfung ergab, dass die Verweigerung des Händedrucks durch die Religionsfreiheit nicht abgedeckt ist und somit Sanktionen erlassen werden können. Man könnte rechtlich allerdings auch anders argumentieren. Die Frage stellt sich, ob der verweigerte Handschlag ein Ausdruck der Respektlosigkeit, ja ein Verstoß gegen die Gleichberechtigung von Mann und Frau gewesen ist. Inzwischen gibt es auch in Berlin ähnliche Fälle und Diskussionen über dieses Thema. Die Bezirksbürgermeisterin von Neukölln fordert den Handschlag im Namen der Gleichberechtigung von Mann und Frau vehement. Die Schüler von Therwil, die aus dem Umkreis eines fundamentalistischen Islam saudischer Prägung kommen, sehen dies wiederum als Diskriminierung. Sie argumentieren, dass sie nicht nur der Lehre Mohammeds gefolgt seien, sondern sogar „die Würde der Frau schützen würden". Geht es dabei auch um die Durchsetzung von Machtansprüchen? Ist man demgegenüber bloß naiv oder mit guten Gründen tolerant? Eine Pflicht zum Handschlag gibt es auch in der Schweiz nicht, wo diese Sitte verbreitet ist. Zudem haben sich die Begrüßungsrituale verändert. Darf und soll man/frau deshalb den Handschlag als Respektbezeugung verlangen? Und bedeutet die Verweigerung

Respektlosigkeit, ja gar einen Verstoß gegenüber der grundrechtlichen Gleichberechtigung von Mann und Frau, wie jüngst in Neukölln? Lassen sich also solche Fälle gesprächsweise, pragmatisch und tolerant lösen? Kann man von ihnen absehen? Oder muss man sie zu einer Grundsatzfrage der Integration aufwerten?

Im angloamerikanischen Verständnis von Multikulturalismus wird ein Individuum oft mit einem Bindestrich als Italo-Amerikaner, Serbo-Amerikaner, Afro-Amerikaner, Hindu-Amerikaner usw. bezeichnet. Der Bindestrich zeigt an, dass sich dieses Verständnis auf eine gemeinsame Staatsbürgerschaft bezieht, die als Basis dient (,demos' vor ,ethnos').[24] Die Bezeichnung vor dem Bindestrich verweist auf eine Form der Identität, die nichts Diskriminierendes an sich hat, sondern sich auf die kontingente Herkunftsidentität bezieht. Hier wird die von uns favorisierte liberaldemokratische Position deutlich, die Ungleiches ungleich und Gleiches gleich zu behandeln weiß. Zudem werden Wege der staatsbürgerlichen Identifikation eröffnet, woran es in Deutschland oft mangelt.

Die teils aufgeregten und kurzschlüssigen Diskussionen über Multikulturalismus haben inzwischen weite Kreise gezogen. Vier Strömungen lassen sich unterscheiden[25]:

1. Das *traditionelle Multikulturalismusmodell*: Hier leben mehrere kulturelle, ethnische und religiöse Gruppierungen in einem Gemeinwesen zusammen. Dieses Gemeinwesen wird von einer Mehrheitskultur bzw. einer Mehrheitsgesellschaft getragen. Ziel ist es, die Minderheiten in einem langwierigen Prozess zu assimilieren.

2. *,Neokonservative' Ansätze*: Hier wird ebenfalls von der Verschiedenheit und Einzigartigkeit unterschiedlicher Kulturen ausgegangen. Zwar werden diese Kulturen als gleichwertig gedacht, allerdings wird vor allem ihre Differenz betont. Aufgrund dieser Differenz soll es möglichst zu keiner Vermengung der verschiedenen Kulturen kommen. Eine multikulturelle Gesellschaft lässt sich vor diesem Hintergrund nicht denken, denn die Kulturen existieren nebeneinander und nicht miteinander.

3. *,Linksliberale' Ansätze*: Dieser Ansatz operiert mit den zentralen Begriffen ,Differenz' und ,Anerkennung'. Ziel ist es, Minderheiten so schnell wie möglich in die Gesellschaft kulturell als auch rechtlich zu integrieren. Eine monokulturelle Auffassung von Gesellschaft wird abgelehnt, was zum Beispiel mit einer Kritik kulturell einseitiger Curricula an Schulen und Universitäten einhergeht. Da der Fokus auf den Minderheiten liegt, werden oftmals auch Gruppen unterstützt, die antiliberal und antimodern sind.

4. *Kritisch-selbstreflexiver Multikulturalismusdiskurs*: Innerhalb dieses Ansatzes steht die Devise ,Gleichheit der Differenz' im Vordergrund. Hier versucht man sowohl die kulturellen Eigenheiten von Gruppen in den Blick zu nehmen, als auch die häufig stattfindenden kulturellen Vermischungen, Überschneidungen und Hybridisierungen. Das Feld der Transkulturalität nimmt dabei eine besondere Stellung ein. Auf diesem Weg transkultureller und transnationaler (nicht postnationaler) mehrstufiger Demokratie, die multireligiös und multikulturell ist, befinden wir uns (tentativ) auch in diesem Text, wenn es um neue Nachbarschaften sowie die verschiedenen Dimensionen und Prozesse der Integration geht.

Uns geht es nicht um eine propagierte Politik der Assimilation oder der Differenz, sondern um eine prozesshafte Politik der Integration von Differenz, die sich mit einer ,Mehrfachidentität' verträgt. Die ,unvollständige', aber erfolgreiche urbane Integration, nämlich die faktische urbane Toleranz der Koexistenz, ist dafür das Vorbild. Diese Art der Integration ist freilich seit je konfliktbeladen, und es kommt darauf an, wieviel wir dennoch – bei aller Toleranz –konstruktiv zustande bringen. Wir sollten uns davor hüten, Konflikte als etwas Schlechtes anzusehen, nur weil sie anstrengend sind. Sie sind im Zeichen von Modernität, Liberalität und Urbanität sogar etwas Normales und keinesfalls Pathologisches. Aus Sicht der politischen Theorie bleibt dabei die Hauptsache, dass es sich um verfassungsmäßig geordnete und zivilisierte Konflikte handelt. Faktisch eskalieren Konflikte jedoch immer wieder, selbst ernsthafte Verfassungskonflikte sind nicht auszuschließen.

Nicht nur Freiheit und Gleichheit bedingen einander, sondern auch Freiheit und Sicherheit. Aber wie genau? Diese Frage stellt sich immer wieder neu angesichts konkreter Situationen. Die Integrationsfrage ist seit der frühaufklärerischen Begründung des modernen Staates, der für „Sicherheit und Wohlergehen" (Hobbes) einsteht, mit der inneren und äußeren Sicherheitsproblematik verknüpft. Der Sicherheitsbegriff hat sich seitdem jedoch enorm erweitert, so dass man den Eindruck gewinnt, Politik hätte heute vor allem – vermittelt über den Leistungsstaat – für Sicherheit im engeren wie im weiteren Sinne der Daseins-Vorsorge zu sorgen. Derart sind wir anspruchsvolle und zugleich angstbesetzte Wohlfahrtsstaatsbürger geworden, die schnell meinen, viel zu verlieren. Diese Bürger blicken selten optimistisch in die Zukunft, obwohl es den meisten von ihnen materiell und sozial so gut geht wie noch nie.

Für die aktuelle Integrationsthematik, die hier allein unser Thema ist, ergibt sich daraus – angesichts einer „Welt, die aus den Fugen geraten ist" (so Außenminister Steinmeier) – die Gefahr, den Integrationsbegriff sicherheitstechnisch zu überladen. Gibt es noch Sicherheit nach Nizza, Würzburg und Ansbach wird in Deutschland wieder gefragt? Die Schlagzahl der Schreckensmeldungen hat sich erhöht. Der junge Täter mit der Axt war „bestens integriert" und hatte sich „kurz zuvor radikalisiert". Integration kann nicht restlose Sicherheit suggerieren, zumindest aber suggeriert sie Ordnung, was dazu führt, dass sie ständig politisiert und instrumentalisiert wird. Denn Ordnung ist ein politischer Begriff, der letztlich mit (lat.) ‚ordinatio' (Anordnung, Befehl, Durchsetzung) zu tun hat. Dahinter steht eine Machtdemonstration. Man sollte deswegen Integration weder mit Sicherheit noch mit Ordnung konfundieren. Geschieht jedoch Letzteres, so ist damit vor allem die grundlegende „staatliche Ordnung" (‚law and order') gemeint, die bei ‚failed states' fehlt und zu den großen Fluchtursachen von heute zählt. Gleichzeitig existiert aber eine Vielzahl von Ordnungen und Normen nebeneinander. Orientiert man sich lediglich daran, so wird schließlich die Leitkultur zu einer engmaschigen Macht, die alles kontrolliert. Wo bleibt dann die selbstbestimmte Freiheit?

Unauffällig und „gut integriert" ist nicht immer besser als auffällig und „nicht ganz integriert". Besser ist es: Alles wird ausgesprochen, und sei es unkorrekt. Man weiß dann wenigstens, woran man ist und kann damit umgehen, ohne dass eine vermeintlich normative Ordnung alles überdeckt. Dass die Flüchtlingswelle vom Islamischen Staat (IS) und seiner totalitären Ideologie, die dem Westen den Krieg erklärt hat, missbraucht wird, ist eine Tatsache. Dabei handelt es sich aber um eine absolute Minderheit, die einen Generalverdacht gegenüber Muslimen verbietet. Darüber hinaus besteht das terroristische Kalkül vor allem darin, unseren (Sicherheits-)Staat zu Überreaktionen zu veranlassen. Damit sollen nicht nur die offene und tolerante Lebensweise, sondern vor allem auch die breiten Zonen gutmütiger Indifferenz verunsichert und letztlich zerstört werden, um so klare *Fronten* im Sinne eines provozierten Bürgerkrieges ohne Freiheit und Sicherheit zu schaffen. Die Kriegsrhetorik wertet die Terroristen auf – von beiden Seiten: von der Propaganda her, die offensichtlich wirkt, wie von der Abwehrseite offener Gesellschaften her, die unter Stress geraten, was Verunsicherung auslöst.

Auseinandersetzungs- und Beteiligungsformen sind zu beachten. Sie sind sogar – ‚Willkommen in der rechtsstaatlichen Demokratie!' – von herausgehobener Bedeutung, weil es hierbei um nicht weniger als überzeugende demokratische Legitimation geht, letztlich also um die wirkliche Normativität einer politischen Ordnung „jenseits von Moralität und Kausalität"[26]. Bei allem Verfassungs- und Wertekonsens, die als historische Fix- und Bezugspunkte zu beachten sind, ist eine liberale Demokratie primär verfahrensorientiert. Wir kommen damit zum zweiten Punkt, den wir etwas genauer herausstellen möchten, nämlich zur Frage der Integration durch Konflikte, denn diese vor allem dürfen nicht entgleisen, sondern muss gehegt und gepflegt werden, obwohl immer auch Macht- und Herrschaftskonflikte sowie Ungleichheiten mit im Spiel sind. Eine erste und wichtigste Forderung an alle ‚Communities' müssen deshalb sein, auch mit heftigen Konflikten zivilisiert und demokratisch umzugehen. Dabei sind vor allem die Mitglieder der

‚Communities' *selbst* gefordert, außen und innen müssen hier zusammen-wirken.

2. Integration durch Konflikte

Das Staatsvolk wird in Deutschland, selbst von höchstrichterlicher Warte aus, oft als relativ homogen bezeichnet. Was heißt das? Wenn es heißt, dass Mehrheiten und Minderheiten sich miteinander verständigen können müssen, um sich miteinander zu vertragen bis die Grenzen des Erträglichen erreicht sind, so entspricht das unserem Verständnis von der *Toleranz der Demokratie*.[27] In der modernen Sozialtheorie geht man davon aus, dass die Homogenität oder Ähnlichkeit der Individuen keine Voraussetzung demokratischer Willensbildung auf der Basis politischer Gleichheit ist. Das gilt nicht nur für die moderne Großstadt, die deswegen seit jeher von der konservativen Kulturkritik und heute vom modernen Fundamentalismus nicht nur heftig kritisiert, sondern geradezu als Inbegriff der liberalen Moderne gehasst wird. Dies gilt ebenso für eine moderne Staatsbürger-Nation als ziviles Projekt, die wir aus freiwilligen Gründen benötigen, um gemeinsame Probleme solidarisch und demokratisch lösen und entscheiden zu können. Die Bundeskanzlerin hat nicht zufällig von einer „nationalen Kraftanstren-gung" gesprochen, als sie sagte: „wir schaffen das" (am 31. August 2015). Nationale (solidarische) Kraftanstrengung bedeutet in Deutschland: *kräftiger Bundesstaat*. Auf dessen interne Konflikte werden wir zurückkommen, denn die Bund-Länder-Kommune-Beziehungen sind nicht in bester Verfassung.

Gesellschaftstheoretiker wie Emile Durkheim[28], Georg Simmel[29], Talcott Parsons[30] und Niklas Luhmann[31] haben zu erklären versucht, wie gerade nicht Ähnlichkeit, sondern Differenzierung den Zusammenhalt einer modernen, liberalen und arbeitsteiligen Gesellschaft ausmacht, nicht zuletzt über durchgestandene *Konflikte in der Zeit* und, wie wir hinzufügen möchten, ein *Gedächtnis*, welches diese *Leistungen* erinnert und in einer *demokratischen politischen Kultur* aufbewahrt. Bei der angesprochenen Toleranz der Demokratie geht es um faire und friedliche Konfliktlösungen, aktuell auch mit Migrantenorganisationen, wofür diese allerdings eine starke einheimische Allianz benötigen. Der konstruktive Umgang mit irreversibler gesellschaftlicher

Inhomogenität ist alles andere als problemlos, er kann scheitern – im Großen wie im Kleinen. Eine spürbare Veränderung des gesellschaftlichen Klimas in Richtung Fremd- und Selbstexklusion wäre die Folge.

Bei der Bewältigung derartiger Konflikte, die weder harmlos noch problemlos sind, müssen deshalb verschiedene Spaltungslinien beachtet werden.[32] Nicht alle Merkmale, anhand deren sich Menschen voneinander unterscheiden, sind gleichermaßen konfliktträchtig. Das Spaltungspotential gruppenbildender Merkmale ist in Artikel 2 der Allgemeinen Erklärung der Menschenrechte von 1948 enthalten: „Jeder hat Anspruch" – heißt es dort – „auf die in dieser Erklärung verkündeten Rechte und Freiheiten ohne irgendein Unterschied, etwa nach Rasse, Hautfarbe, Geschlecht, Sprache, Religion, politischer oder sonstiger Überzeugung, nationaler oder sozialer Herkunft, Vermögen, Geburt oder sonstigem Stand."

Die durch solche Merkmale bedingten Teilungen der Gesellschaft verschärfen sich durch Gleichlauf der Trennungslinien: wenn zum Beispiel die Anders-Aussehenden auch die anders Gläubigen und die wirtschaftlich Schlechter-Gestellten sind. Besonders problematisch wird es, wenn im hohen Maße identitätsbildende Merkmale wie ethnische oder religiöse Zugehörigkeiten mit Merkmalen assoziiert sind, die in einer bestehenden Gesellschaft einen hohen Status genießen – wie in der deutschen Gesellschaft etwa die Identität durch Arbeit, Leistungen und wirtschaftliches Auskommen. Viele haben mit dieser ‚deutschen Mentalität' – „Das Trikot schwitzt nicht von alleine" – ihre Schwierigkeiten. Migranten bringen zudem die Konflikte aus ihren Heimatländern mit (zwischen Kurden und Türken, unter Deutschtürken, zwischen Christen und Muslimen, Schiiten und Sunniten und so fort). Ihre vermeintlich homogene Kultur zerfällt in Subkulturen und verschiedene politische Richtungen, die konfliktverschärfend oder konfliktmildernd sein können. Nicht alle Menschen einer Kultur oder einer Religion sind gleich.

Im August 2016 tritt das Sicherheitsthema im Zusammenhang mit dem ‚Sicherheitspaket' des Bundesinnenministers mit Wucht in den Vordergrund. Das klassische Thema der doppelten

Loyalität (bei Hobbes, Locke und Rousseau)[33] wird aufgrund sich verschärfender politischer Konflikte (auch mit der Türkei) wieder relevant, was sogar dazu führt, dass die doppelte Staatsbürgerschaft, die für die SPD eine Bedingung der Regierungskoalition mit der CDU war, wieder zurückgenommen werden soll. Dazu kommt das Burka-Verbot. Mit guten Gründen kann man zwar sagen, dass „Gesicht zeigen, konstitutiv für unsere Gesellschaft ist" (so de Maizière am 13. August) und deswegen ein Teilweise-Verbot der Vollverschleierung vor Gericht, bei Behörden und an Schulen erwogen werden soll. Aber ebenso evident ist, dass weder die Rücknahme der doppelten Staatsbürgerschaft noch ein Burka-Verbot wirklich einen Beitrag zu den anstehenden Sicherheitsfragen leisten. Diese werden vielmehr unnötigerweise mit dem Integrationsthema vermengt. Ansonsten gehört die Art der Bekleidung zur Freiheit der Andersdenkenden, die gilt auch für ein nationales Burkini-Verbot, wie es gegenwärtig in Frankreich diskutiert wird.

Die kurdisch-libanesische ‚Community' und ihre ‚Clans', die sich befehden, genießt in Deutschland einen denkbar schlechten Ruf. Es gibt sie in Berlin, Bremen und Essen. 15.000 libanesische Kurden leben in Deutschland, etwa 6.000 davon in Essen.[34] Kürzlich haben drei Mütter an die Essener Bürger einen öffentlichen Brief geschrieben, in dem sie die Gewaltexzesse in ihrer ‚Community' aufs Schärfste verurteilen; 15 arabische Frauen haben ihn unterzeichnet. Sie wollen mit der Stadtgesellschaft Teil einer Stadtgesellschaft werden, die ihre Kinder so erzieht, dass sie Respekt vor der deutschen Justiz haben. Dabei beziehen sie sich auf das Grundgesetz. Das ist ein mutiger Schritt aus einer ‚Community' (‚Gemeinschaft' und ‚Gesellschaft' sind zu unterscheiden) heraus, von der ein großer Teil seit vielen Jahren ‚bloß Geduldete' sind, was ein prekärer Status ohne Perspektive ist, der eine parallele Gesellschaft mitverursacht: „Wer geduldet ist, darf Alltägliches nicht tun oder nur mit amtlicher Ausnahmegenehmigung: nicht arbeiten, nicht heiraten, keinen Führerschein machen, kein Konto, nicht aus Essen wegziehen."[35]

Zwei der drei arabischen Frauen, die sich an die Öffentlichkeit gewandt haben, sind deutsche Staatsbürgerinnen, die perfekt Deutsch sprechen und ihre Stadt mitgestalten wollen. Es muss deshalb *Wege gemeinsamer Stadtbürgerschaft* geben, die aus den ‚parallelen Gesellschaften' voller Gewalt und ohne Perspektiven herausführen können. *Stadtbürgerschaft* bedeutet inhaltlich mehr und formal weniger als *Staatsbürgerschaft*, wobei diese Mitgliedschaft, nicht ‚staatenlos' und ‚ungeschützt' zu sein, fundamental ist[36]. *Bürgerschaft*, die von *Bürgerlichkeit* und *Bürgertum* zu unterscheiden ist, verstehen wir hier weder formal reduziert noch idealistisch überhöht, sondern als reale intersubjektive Praxis der Identifikation und Gemeinsamkeit an einem bestimmten Ort (Lokalpatriotismus). In ihrer großen Mehrheit sind die Menschen ‚locals'. Dieser Umstand ist insbesondere bei politischen Auseinandersetzungen nicht unerheblich. *Bürgerschaft lebt* von Toleranz, Solidarität und Verantwortung, die allerdings immer auch gegen Bornierung und Abschottung der eigenen ‚Communities' erstritten werden müssen. Dafür benötigt man erstens eine demokratische Streitkultur, die einiges aushält, und zweitens muss man selbst – wie die arabischen Frauen in Essen – die Initiative ergreifen und nicht auf die ‚großen Kümmerer' warten. Das beweist Bürgersouveränität, die allgemein vonnöten ist.

Das Problem der Ungleichheiten entschärft sich, wenn sie auch in anderen Bereichen bestehen und die Trennlinien dort anders verlaufen. Die Politikwissenschaft spricht dann von sich überschneidenden Konfliktlinien, die eine stabilisierende Wirkung haben. Mit anderen Worten: Die Integrationsprobleme moderner, hochdifferenzierter Gesellschaften entstehen nicht aus einem Mangel an Homogenität, sondern aus einem Zuviel an Homogenität einzelner Gruppen.[37] Das Problem von Integration als Praxis ist mithin: Die Einbeziehung dieser Gruppen in das System der gesellschaftlichen Differenzierung[38] sowie die Versprechen der Moderne auf Inklusion, die sie nur unzureichend und selektiv erfüllt, woran sich die weltweiten sozialen Kämpfe entzünden. Sicherlich sind der Arbeitsmarkt, die Sprache und die Bildung die wichtigsten Schlüssel für eine solche Teilhabe, die das Gegenteil von Exklusion sein muss, obschon Ungleichheiten weiterhin bestehen. Soziale Exklusion gibt es nicht nur in der peripheren Moderne, sondern ebenso in den Zentren der Modernität, wenngleich auf andere Weise, etwa in Gestalt relativer Armut in einer reichen Gesellschaft.[39]

3. Aktiver Verfassungspatriotismus

Wir teilen die Auffassung der Verfassungsrichterin Lübbe-Wolff: „Statt kontrafaktische Homogenität zu postulieren oder naiv Konfliktpotentiale zu leugnen, sollten wir uns der Frage zuwenden, was innerhalb der politischen Einheiten, mit denen wir zu tun haben, die *besten Voraussetzungen* für friedliche *Koexistenz* und gedeihliche *Kooperation* bei gegebener Inhomogenität* sind." Ihre Antwort lautet: „*Moderne Verfassungen* lassen sich über weite Strecken als Antworten auf diese Frage – als *Integrationsprogramme für differenzierte*, ihrer Natur nach inhomogene *Gesellschaften* – lesen."[40] Diese Normen liegen symbolisch wie rechtlich-politisch oberhalb eines ‚Integrationsgesetzes' (‚fördern und fordern') sowie der verschiedenen Dimensionen von Integration als Praxis. Alle Normen und Werte sind jedoch gleichermaßen unentbehrlich, wenn Demokratie und Integration gelingen sollen. Die Verfassung indes, die interpretationsbedürftig bleibt, konstituiert die oberste Orientierungsebene für eine verfassungsdemokratische Bürgergesellschaft: Sie sollte die ‚Bibel' der Bürger und Bürgerinnen

sein.[41] So jedenfalls sah es Thomas Paine, der 1776 den Common Sense für die amerikanische Unabhängigkeit formulierte und 1791 als erster die Menschenrechte populär gegen ihre Kritiker verteidigte[42], wofür er gleich in zwei Ländern zum Tod verurteilt worden ist. Was haben die einfachen Bürger sonst in der Hand[43] gegen die Deutungs- und Entscheidungseliten, außer die jeweils ‚wirkliche Bibel' oder die eigene Erfahrung? Diese Common Sense-Philosophie ist verständlich und nachvollziehbar, zudem ist sie allianzfähig. Die Bündnisfähigkeit ist eine Ressource politischer Aufklärung. Mehr Offenheit und Demokratie, nicht weniger, lautet ihre Antwort auf Krisen. Das Rettende wächst in der Gefahr, heißt die Aufklärungsdevise.

Demnach sollten Verfassungen wieder mehr gelesen werden, denn sie sind potentiell für alle eine verständliche Grundlage. Dies gilt insbesondere für die inzwischen rechtsverbindliche europäische Grundrechte-Charta mit ihren übersichtlichen sechs Artikeln[44], die nicht nur für Juristen geschrieben worden sind. Selbstverständlich müssen solche Bürgerverfassungen ein Bezugspunkt in den nunmehr zahlreichen Integrations- und Deutschkursen, die der Bund seit 2005 fördert, werden. Immerhin handelt es sich um die wichtigste integrationspolitische Fördermaßnahme, von der es gleichwohl für die Länder und Kommunen noch immer erhebliche Defizite gibt: Im April 2016 fehlen 200.000 Plätze. Dabei geht es nicht nur um Geld, sondern ebenso, was zu wenig beachtet wird, vor allem um Personal und Inhalte. Auf sie kommt es an. Die Kurse umfassen zwei Teile: 600 Stunden für die Sprache, 60 Stunden für die Orientierung. Beides könnte man miteinander verknüpfen – gerade über die Sprache, wo es auf jedes Wort ankommt; Sprache und Verhalten sind miteinander verbunden. Unseres Wissens gibt es bisher keine Evaluation und – was bedenklicher ist – kaum eine Diskussion über die Inhalte und die Didaktik. ‚Orientiert' wird vor allem „zur deutschen Rechtsordnung, zur Geschichte und Kultur"; ‚vermittelt' werden auch „Werte, die in Deutschland wichtig sind wie Religionsfreiheit, Toleranz und Gleichberechtigung"[45], heißt es lapidar. Ein ausführlicher Wertedialog auf gleicher Augenhöhe täte vielen Seiten gut. Eine Berliner Initiative entwickelt in diese Richtung ein Curriculum, das „Willkommen im Rechtsstaat" heißt.

Wenn mir jedoch selbst Politikstudenten erklären, dass Verfassungen lediglich ein Métier für Juristen sind, so ist das ein bedenkliches Zeichen für die Demokratie der Bürger und Bürgerinnen. Der Zusammenhang zwischen Verfassung und Demokratie geht dabei verloren, obschon gerade er, um derzeit verbreiteten vereinfachten Deutungen von Demokratie und Staat entgegenzuwirken, zu aktivieren ist: Grundrechte *und* Demokratie. Wenn überdies selbst Brandenburger Studenten die Verfassung ihres Landes, die aus einer demokratischen Revolution hervorgegangen ist („Wir, die Bürgerinnen und Bürger …") und durch eine Volksabstimmung am 14. Juni 1992 bekräftigt worden ist[46], nicht kennen, dürfen wir erst recht nicht auf die politische Kultur von Neuankömmlingen herabschauen und sie in Sachen Demokratie belehren wollen. Vielmehr haben dann wir alle, ‚Lehrer' und ‚Schüler', gemeinsam noch einmal ‚shared citizenship' zu lernen – auch und gerade in Integrationskursen, wo viele Menschen beim Erlernen einer Sprache ins Gespräch kommen. Dabei geht es um Einfaches und Elementares, mithin um Fundamentales ohne Fundamentalismus. Verfassungspatriotismus ist kein „kaltes Ding in den Köpfen weniger."[47] Er wirkt durch lebendige Demokratie und gelebte Vorbilder, ohne die politische Erziehung ausfällt. Woher kommen aber dann Urteilsfähigkeit und Urteilskraft, die mündige Bürger/Innen benötigen?

Verfassungspatriotismus darf nicht staatsrechtlich eng und dogmatisch definiert werden, er darf deshalb auch nicht allein der Autorität der Verfassungsjuristen und Richter überlassen bleiben. Verfassungspatriotismus umfasst den (Integrations-)Streit um die Verfassung. Auch Verfassungskonflikte, wie wir sie gegenwärtig bei unseren Nachbarn in Polen beobachten, gehören dazu. Sie sind ebenso ein Thema demokratischer Bürgerbewegungen, die in Polen zurzeit so viele Menschen auf die Straße bringen wie seit 1989 nicht mehr. Überall wird angesichts der neuen Herausforderungen von außen und von innen um die Zukunft der liberalen Demokratie gerungen – nicht nur in Polen. Die Geschichte

ist nicht an ihr Ende gekommen, wie man nach 1989 vorschnell meinte. Im Gegenteil: Sie beginnt wieder neu, aber nicht tabula rasa. Dabei spielt die *Integration durch Verfassung* und ihre Interpretation in den Bewährungsproben liberaler Demokratie eine Rolle. Sie ist für das Leben einer demokratischen Bürgerschaft existenziell und geht alle an – selbstverständlich auch Migranten, Asylsuchende und Menschen ‚ohne Papiere'.[48]

Liberaldemokratische Verfassungen sind der Versuch, Dissenskultur zivil zu konstituieren. Dieser Versuch kann scheitern und in Ausnahmesituationen und Bürgerkriege abgleiten, die historisch immer wieder eine Fluchtursache sind. In der Bundesrepublik Deutschland können wir heute an eine erfolgreiche Geschichte des Grundgesetzes auch nach 1989 anknüpfen und haben allen Grund auf dieser Basis eines konsolidierten antitotalitären Konsenses der Demokraten weiterzuarbeiten. Dies gilt insbesondere gegen die neuen Verfassungsfeinde, welche die Einwanderung, das Asylthema und die zweifellos vorhandenen Probleme der Integration für ihre Zwecke instrumentalisieren. Sie wollen weder Migration noch Integration. Ihr Widerstand ist ein gewalttätiger völkischer Widerstand, der sich vor allem dort ausbreitet und festsetzt, wo es keine zivilgesellschaftliche Gegenwehr gibt. Nicht nur die Reichsbüger ignorieren das Grundgesetz,

Verfassung und Demokratie stehen einerseits im offenen demokratischen Interpretationsstreit, der nicht frei von Machtkonflikten ist. Andererseits bleiben die Verfassung bzw. das Grundgesetz in ihrer übergeordneten symbolischen und normativen Bedeutung für eine verfassungsdemokratische Bürgergesellschaft bestehen. Das gilt ebenso für die primär verfahrensorientierte Demokratie als multiples Regelsystem, welches jeweils einer spezifischen historischen Pfadabhängigkeit (zum Beispiel des Föderalismus) folgt. Föderalismus bedeutet zum Beispiel per se Integration durch Konflikte, denn es ist jeweils nicht nur ein Modell im Spiel. In dem Maße, wie diese permanente Auseinandersetzung und Verständigung erfolgreich ist, werden Verfassung und Demokratie insgesamt als zivile Komplexität bekräftigt. Das Vorhandensein einer solchen ebenso emotionalen wie rationalen

Anstrengung begründet darüber hinaus einen zeitgemäßen Patriotismus – staatsbürgerliche Nation als ziviles und solidarisches Projekt –, der die Besonderheiten von Land und Leuten einschließt und mit europäischen wie kosmopolitisch-globalen Anliegen verknüpft werden kann. Zusammen mit Migration und Integration führt dies zu einer neuen Transformation und Belebung der komplexen Bürgerschaft.

Dies ist eine Voraussetzung für mehr. Deutschland schafft sich nicht ab, sondern verändert sich. Dabei existiert eine erstaunliche Kontinuität des Verfassungspatriotismus von der ,Bonner Republik' über die ,Berliner Republik', einschließlich der ebenso erfolgreichen ,Münchner' und ,Stuttgarter Republik', jüngst sogar mit Grün-Schwarz. Die Regierungen der Bundesländer umfassen inzwischen schon elf verschiedene politische Farbkombinationen. Trotz der Autorität des Bundesverfassungsgerichts würden wir jedoch nicht von einer ,Karlsruher Republik' der Bürger/innen sprechen, weil Karlsruhe auch eine ,Black Box' ist (Dieter Grimm). Das Gericht macht die Gesetze nicht, auch der ehemalige Verfassungsrichter

Udo di Fabio ist nicht – trotz seiner Autorität – „Richter der Kanzlerin" in Sachen Migrationspolitik.[49] Deutschland ist ökonomisch, gesellschaftlich und politisch weit mehr Nicht-Krise als Krise. Die ‚Flüchtlingskrise' trifft das Land zum Glück in einer wirtschaftlich und politisch stabilen Situation. Bisher hat noch niemand durch Flüchtlinge ökonomische oder soziale Nachteile erleiden müssen.

Die Brücken zwischen politischer Theorie und praktischem Wissen sind oft weit auseinander. Nichtsdestoweniger sind sie zu festigen. Sie basieren auf Problemen, entstehen aus dem Chaos und müssen von verschiedenen Seiten aus begehbar sein. Es handelt sich mithin um Wege – den Weg angewandter Aufklärung, der prozess-, problem- und themenzentriert ist. Aufklärung benötigt Bündnisse. Das ‚Potsdamer Toleranzedikt' als Stadtgespräch[50] ist ebenso ein Beispiel dafür wie die Entwicklung eines städtischen Konzepts für Erinnerungskultur.[51] Politisches Denken ist immer ein Denken in der Zeit an einem bestimmten Ort mit den ‚locals': Wir sind hier und jetzt miteinander verbunden, ob wir wollen oder nicht. Es gilt, das Beste daraus zu machen. Solche elementaren Motivationen dürfen nicht entfallen, wenn das Bürgerschaftlich-Demokratische nicht absterben soll zugunsten eines Selbstlaufs gesellschaftlicher Modernisierung.

Das neue *Integrationsgesetz*, das von der Bundesregierung am 23. Mai 2016 in Meseberg vorgestellt und am 7. Juli im Bundestag verabschiedet worden ist, wird von dieser als „Meilenstein" (Merkel) und als „entscheidende Zäsur" (de Maizière) verstanden. Es soll die Zugänge zu Sprachkursen und Arbeitsplätzen erleichtern. Im Kern enthält es das lockende Aufstiegsversprechen „Wer sich reinhängt, wird etwas erreichen" (Gabriel)[52]. Die Kritiker sehen dagegen in der Wohnungszuweisung, mit der die Bundesregierung ‚soziale Brennpunkte' vermeiden will, sowie in der ungenügenden Zahl der Sprachkurse eher Hindernisse der Integration. Die geplanten Leistungseinschränkungen bei der Verweigerung von Integrationsangeboten würden außerdem ein menschenwürdiges Existenzminimum verhindern, kritisiert insbesondere die Hilfsorganisation ‚Pro Asyl'.

Dass Städten und Gemeinden unter bestimmten Bedingungen für drei Jahre der Wahlort vorgeschrieben werden kann, was in Bayern bereits praktiziert wird, mutet zudem angesichts der bisherigen Migrationserfahrungen nicht nur weltfremd an, sondern beschneidet die Freizügigkeit von anerkannten Flüchtlingen. Bisher haben wir unter der Prämisse von Freiheit und Integration argumentiert. Auch an dieser Stelle ist wiederum eine Balance zu beachten: nicht nur die Balance zwischen Integration und Desintegration nach dem Vorbild urbaner Toleranz, sondern ebenso die Balance zwischen Segregation und Desegregation. Entgegen der oftmals geschürten und übertriebenen Angst vor ‚Ghettobildung', was eine gänzlich unangemessene Begriffsbildung darstellt, ist darauf hinzuweisen, dass „individuelle Integration der typische Weg der Einheimischen, die Community-Bildung dagegen der typische Weg vieler (beileibe nicht aller!) ethnischen Minderheiten" ist.[53] Folglich sind Segregation und Desegregation keine sich ausschließenden Gegensätze, sondern eher verschiedene Arten der Integration unter unterschiedlichen Bedingungen.

Der Berliner Stadtsoziologe Hartmut Häussermann kommt deshalb zu folgenden Schlussfolgerungen, die auch für die abschließenden Überlegungen über neue Nachbarschaften zu beachten sind[54]:

1. Es ist unfruchtbar das Für und Wider ethnischer Segregation allein unter dem abstrakten Gesichtspunkt des Wünschenswerten zu erörtern. Die Wahrheit ist konkret und konkret wird es erst beim Thema Nachbarschaft, Toleranz und Integration.

2. Ethnische Segregation birgt einerseits die Gefahr der Selbstausgrenzung (‚Parallelgesellschaften' mit eigenem Recht), enthält andererseits aber auch Ressourcen der Selbstorganisation, die für gesellschaftliche Integrationsprozesse unentbehrlich sind. Sicherlicht lebt gerade das Ideal der europäischen Stadt von der sozialen Mischung, die nicht missachtet werden darf – zumindest stadt- und landesweit nicht. Vielleicht müsste man genauer sagen: das europäische Ideal ist der soziale Ausgleich.

3. Insofern ist es „unproduktiv, die ethnische Segregation immer nur als ‚Problem' zu attackieren, womit ihre Produktivität verdrängt wird."[55] Das Unbekannte und Fremde ist Bestandteil einer urbanen, das heißt offenen, freien und toleranten Stadt, die durch Zuwanderung immer wieder neu entsteht.

Im folgenden Kapitel schlagen wir uns wieder auf die Seite der konkreten Auseinandersetzungen vor Ort. Die Städte sind Hinweisgeber für eine konstruktive theoretische Politik des Menschenmöglichen. Sie sind in einem globalen Zeitalter mit seinen migrationspolitischen, ökologischen und sozialen Herausforderungen nichts weniger als die Laboratorien für eine aufgeschlossene politische Theorie der Bürgerschaft und die neu entstehenden Probleme demokratischer Regierbarkeit. Diese muss sich für die Urbanisierung der Erfahrung öffnen, was die Triade von Urteilsfähigkeit, Urteilskraft und Handlungsfähigkeit stärkt. Nicht jeder Klick in den sozialen Medien beweist schon Urteilsfähigkeit. Dafür braucht es zumindest eine Mindestportion Zeit und Erfahrung. Das Gespräch und die Auseinandersetzung mit anderen ist die Grundlage einer lernfähigen Demokratie. Niemand wird als Demokrat geboren, man/frau müssen es immer wieder lernen, und genau dieses Lernen gilt es, allgemein durchzusetzen. In diesem Punkt bleiben wir hartnäckig und beharrlich.

4. Städte und Kommunen als Integrationswerkstätten

In den 90er Jahren wurden erstmals Leitbilder der Integration ausgearbeitet, die stark von lokalen Gegebenheiten geprägt waren. In Zürich zum Beispiel lagen die Schwerpunkte auf Schule und Bildung, auf der Erwerbsfähigkeit, dem Zusammenleben in den Stadtvierteln sowie auf der öffentlichen Sicherheit.[56] In Basel hatte man andere Schwerpunkte.[57] Dort wurde Integration primär als eine Frage von Bildung und sozialem Status verstanden. Zudem findet hier erstmals ein deutlicher Paradigmawechsel vom bloßen Defizit- zum Potentialansatz statt, das heißt: Integration als Praxis bedeutet in erster Linie Anerkennung von bereits vorhandenem Wissen, Motivationen, Erfahrungen und Kompetenzen. Ein zweiter neuer Punkt war, dass Integration sowohl als gesamtgesellschaftliche wie als kommunale Aufgabe aufgefasst wurde. Drittens ging es von Anfang an um einen sorgsamen Umgang mit Differenzen, indem versucht wurde, kulturalisierende und ethnisierende Vorurteile zu vermeiden. Dieser Ansatz hat sich inzwischen zur Inter- und Transkultur ausgeweitet. Kulturelle Öffnung war

bezeichnenderweise das neue Schlüsselwort des ersten Potsdamer Integrationskonzepts von 2008.[58]

Das Konzept bezieht sich auf unterschiedliche Integrationsdimensionen wie Arbeitsmarkt, Wohnen, Sprache, Verwaltung, Selbstorganisation, Beratung und Religion. Es enthält sowohl eine Bestandsaufnahme wie Handlungsempfehlungen, die regelmäßig überprüft werden sollen, wofür Indikatoren gebildet worden sind. Außerdem enthält es zahlreiche Verknüpfungspunkte mit dem städtischen Toleranzedikt sowie mit der Unternehmensinitiative ‚Charta der Vielfalt'.[59] Unternehmer können zum Beispiel an das Handlungsfeld ‚berufliche Bildung und Arbeitsmarktintegration' anknüpfen, sie können aber auch auf dem Handlungsfeld ‚sprachliche Integration' etwas tun. Die Mütter sollen zudem vermehrt für Deutschkurse gewonnen werden wie überhaupt Integration am besten über zwischenmenschliche Beziehungen wie Paten-, Tandem- und Partnerschaftsprogramme, Sportvereine, Schulen, Mietervereine usw. funktioniert: Ohne

Begegnungen geht es nicht! Sprache lernen allein genügt nicht. Ein weiterer wichtiger Punkt im erstmaligen Integrationskonzept, das mit viel Engagement erarbeitet worden ist, war, dass das Asylbewerberheim im Nedlitzer Lerchensteig am Rand der Stadt zugunsten einer dezentralen Wohnungsunterbringung in der Stadt aufgegeben werden sollte. Die dramatische Notsituation 2015 lässt diese positive Ausrichtung jedoch schnell wieder in den Hintergrund treten. Eilends müssen nämlich provisorische Flüchtlingsunterkünfte gesucht und bereitgestellt werden. Aus Anlass der Einrichtung einer neuen Erstaufnahmestelle, an der auf einmal mindestens 1.000 Flüchtlinge mehr in Potsdam untergebracht werden müssen, spricht der Oberbürgermeister im September 2015 von einer „absoluten Krisensituation".[60]

Unter den Bedingungen dieser ‚Flüchtlingskrise' wird ein neues Integrationskonzept 2016 – 2019 gemäß dem neuen Leitbild ‚Eine Stadt für alle' erarbeitet.[61] Die Handlungsfelder haben sich nicht verändert, wohl aber die Ausgangssituation und die Rahmenbedingungen. Integration wird strapaziert, wenn sie als „gleichberechtigte Teilhabe aller Bevölkerungsgruppen am gesellschaftlichen Geschehen in all seinen Facetten" definiert wird. In den Vordergrund rückt zudem immer mehr das messbare Integrationsmonitoring. Die Vorhaben, Initiativen und Projekte sind zahlreicher geworden. Mehr Stellen sind damit involviert, und Koordination ist gefordert. Politik und Verwaltung setzen sich damit unter Erfolgsdruck; eine Art technokratische Machbarkeit wird unterstellt. Dabei muss man aufpassen, dass der Integrationsbegriff nicht nur *sicherheitstechnisch*, sondern auch *sozialpädagogisch* überdehnt wird. Die Zielgruppen der Integrationspolitik werden nun allerdings zum ersten Mal konkret benannt: aufnahmepflichtige Zugewanderte, Asylsuchende und Geduldete, der Personenkreis der Flüchtlinge, freiwillig Zugewanderte.

Integration als Praxis und Prozess, die nicht ökonomisch, bürokratisch oder technokratisch verengt werden, weist einen hohen *städtespezifischen Werkstattcharakter* auf und bringt inzwischen reiche Erfahrungsschätze mit, von denen wir lernen können. Die Aufgabe der politischen Theorie ist es, diese Erfahrungen transferier- und reflektierbar zu halten. Der Integration als politisch-normatives Ziel hinsichtlich einer zivilen, demokratischen und liberalen Gesellschaft entspricht dabei eine Vielzahl von historisch-soziologisch-politischen Prozessen. Moderne, offene und liberale Gesellschaften, welche die größtmögliche Freiheit von allen anstreben, sind zugleich notwendigerweise *Orte unvollständig bleibender Integration*: Das eine ist nicht ohne das andere zu haben. Daraus wiederum folgen problematische Desintegrationserscheinungen, die aus Sicht einer Kommune wie aus gesamtgesellschaftlicher Sicht heute zwingend Integrationspolitik als neues Politikfeld, das eine Querschnittsaufgabe ist, erfordern – challenge and response. Integrationspolitik soll dabei Chancen der Integration erhöhen, indem Potentiale gestärkt werden. Sie soll darüber hinaus die Integrationsbereitschaft und die Integrationsfähigkeit von Einheimischen wie von Fremden stärken, auf welche die verschiedenen Maßnahmen gleichermaßen ausgerichtet sind – Integration geht alle an.

Stuttgart ist die erste deutsche Großstadt mit einem kommunalen Integrationskonzept (2001).[62] Die Ziele der Stuttgarter Integrationspolitik sind: „Gleichberechtigte Teilhabe der zugewanderten Bevölkerung am gesellschaftlichen Leben" und „Nutzung der kulturellen Vielfalt für die Stadtentwicklung". Das Stuttgarter „Bündnis für Integration" ist ein Dreieck aus engagierten Einwohnern sowie den Institutionen aus Politik, Verwaltung und öffentlichen Trägern (1.), der Wirtschaft (2.) und der Bürgerschaft (3.). Das Integrationskonzept „Teilhabe, interkulturelle Öffnung und Zusammenhalt" von Hamburg (2006)[63], weiterentwickelt 2013, enthält die drei Aspekte ‚Willkommenskultur', ‚Vielfalt' und ‚Zusammenhalt' sowie die zwei zentralen Strategien ‚interkulturelle Öffnung' und ‚Antidiskriminierung'. Das „interkulturelle Integrationskonzept" von München (2008)[64] ist von der Stelle für interkulturelle Arbeit, die stadtweit für die Querschnittsaufgabe ‚Integration' zuständig ist, erstellt worden, und zwar in einem intensiven Diskussionsprozess auf über 50 Veranstaltungen mit verschiedenen gesellschaftlichen Gruppen. Das Integrationskonzept von Dresden (2009)[65], weiterentwickelt 2013, kennt 11 Handlungsfelder von Sprache über

Bildung bis hin zur Gesundheit. Das Integrations- und Diversitätskonzept ‚Vielfalt bewegt Frankfurt' (2010)[66] hat auch das neue Potsdamer Integrationskonzept von 2016 inspiriert. Vom 5. Oktober 2009 bis 31. Januar 2010 konnten Frankfurter Bürger und Bürgerinnen Themen setzen, Vorschläge machen und diskutieren. Etwa 50.000 Bürger beteiligten sich an diesen Diskussionen in Online-Foren, einer Open-Space-Veranstaltung und zahlreichen Gesprächsrunden. Beim Frankfurter Prozess ist der interne Bezug auf die Stadtgesellschaft zentral. Das Leitbild heißt ‚vernetzte Stadt'. Rechte und Pflichten sollen verdeutlicht, dem Extremismus soll entgegengewirkt werden. Auch Köln hat 2011 ein „Konzept zur Stärkung der integrativen Stadtgesellschaft" mit rund 300 Teilnehmern in 23 Arbeitsgruppen erarbeitet.[67]

Bei all diesen städtischen Konzepten liegt der Schwerpunkt im Bildungsbereich, und zwar bei der ‚Bildung von Anfang an', mithin bei der frühkindlichen Förderung, der Kita-Betreuung sowie der Sprachförderung für alle, um so zu mehr Chancengleichheit zu kommen. Ebenso ist die Nachbar-

schaft und die integrierte Stadtentwicklung bei allen ein zentraler Bezugspunkt geworden. Die moderne Stadtgesellschaft und ihre Grundlagen werden insbesondere im Frankfurter Fall als ‚global city' (ähnlich wie Zürich) reflektiert: Die „Politik der Vielfalt" und die „demokratische Kultur" werden hier besonders herausgestellt. Köln wiederum entwickelt das Leitbild der „integrativen Stadtgesellschaft". Überall wird versucht, die Umsetzung durch Controlling und Monitoring zu überprüfen. In München geschieht dies vor allem anhand von Leitprojekten.[68] Am weitesten bei der Steuerung der Integrationspolitik geht Stuttgart.[69]

Viele Städte haben eine langjährige Erfahrung im Umgang mit Fremdem, Neuem und Überraschendem. Ihre Attraktivität und Innovativität lebt davon. Sie haben in der Vergangenheit, was in der Politik nicht immer genügend geschätzt und in der staatszentrierten politischen Theorie kaum reflektiert wird, wahre Wunder ungeplanter Integration vollbracht, wovon die gesamte Gesellschaft profitiert. Wie konnte das vonstatten gehen? Die Mehrheitsgesellschaft hat daran ihren Anteil. Die lokale, kommunale und städtische Ebene ist die wichtigste Ebene für Integrationsprozesse. Aber auch die städtischen Bevölkerungen mit ihrer Gewöhnung an das Fremde sind in den letzten Jahren an Grenzen gestoßen. Nicht zufällig gab und gibt es seitdem neue politische Initiativen und Parteien für die Begrenzung der Einwanderung aus den Städten heraus (Zürich, Rotterdam, Wien, Marseille usw.)[70], denn die Städte hatten zunehmend mit einer großen Zahl Neuzugezogener in kurzer Zeit zu tun. Familiennachzug, Arbeitslosigkeit, Rezession und die hohe Konzentration Neuzugezogener in bestimmten Quartieren lösten Protest und Abwanderung aus.

Vor diesem Problemhintergrund wie als Teil einer neuen soziopolitischen Auseinandersetzung wurden die erwähnten integrationspolitischen Leitbilder in den 90er Jahren entworfen, an die heute wieder angeknüpft werden kann. Die spezifisch urbanen Herausforderungen sind heutzutage immer mehr auch Herausforderungen für die Gemeinden im Umfeld der Städte geworden bis hinein in den ländlichen Raum.[71] Dort ist es besonders wichtig,

dass die lokalen Initiativen von außen unterstützt und die Gemeinden nicht alleingelassen werden. Ein Beratungsbus unterstützt zum Beispiel im dünn besiedelten Flächenland Brandenburg die Arbeit in den Flüchtlingsunterkünften. Damit wird an die erfolgreiche Arbeit der Mobilen Beratungsteams (MBT) im Handlungskonzept ‚Tolerantes Brandenburg' (1998), welches Prävention und Repression verbindet, angeknüpft. Dieses Bündnis hat Strukturen geschaffen, mit denen heute das aktuelle Bündnis für Integration weiterarbeiten kann. Das gibt es nicht in allen Bundesländern.

Die *neue Generation* von *Integrationskonzepten* ist auf die neue Situation nach 2015 zugeschnitten. Sie werden auch für die kleinen Gemeinden benötigt. In Teltow zum Beispiel (Landkreis Teltow-Fläming) leben derzeit 700 Flüchtlinge. Schon im November 2015 hatten sich die Stadtverordneten darauf geeinigt, ein Integrationskonzept zu erarbeiten, das bereits im Februar 2016 vorliegt.[72] Neben einem Dolmetscherpool, der überall von größter Dringlichkeit ist, werden darin Patenschaften von Vereinen, Parteien und Privatpersonen angestrebt. Ein

Willkommensbrief soll außerdem die neu ankommenden Asylsuchenden erreichen. Auch die problematische Wohnsituation wird in den Blick genommen. Wie an vielen Orten, funktioniert an den Schulen, dank des besonderen Einsatzes des Personals, die Integration in Willkommensklassen bereits, was alles andere als selbstverständlich ist. Mehr als dreißig Schüler aus dem Wohnheim besuchen die Stubenrauch-Grundschule, neun den Hort.[73] Die Sprachbarrieren bei den Eltern sind das größte Problem, die Kinder werden dagegen schon bald in die Regelklassen integriert. Darüber hinaus gibt es eine Nachbarschaftshilfe zwischen Kleinmachnow und Teltow. Wie vielerorts wird hier im Kleinen Großes geleistet, nicht ohne Probleme, die es freilich immer gibt, aber mit Interesse, Einsatzbereitschaft und Unterstützung von verschiedenen Seiten. Die zivilgesellschaftlichen Initiativen und Formen sind vielfältig, allein im Land Brandenburg zählt man mehr als hundert Willkommensinitiativen. Weder der Staat noch seine Parteien waren die Impulsgeber. Dies zeigt einmal mehr, dass Zivilgesellschaft keine Doktrin, sondern eine spontan-kreative Praxis der Hand-lungs-Koordination ist. Obwohl viel von ‚Zivilgesellschaft' die Rede ist, sind die zivilen Kräfte jedoch noch lange nicht zahlreich und stark genug. Im Winter 2015/16 waren sie jedoch zahlreich, was nun durch den Aufbau von Helfer-Allianzen zu verstetigen ist.

Obwohl Zuwanderungspolitiken primär auf nationaler und zunehmend auf europäischer Ebene geregelt werden, sind es doch die Entwicklungen und Erfahrungen in den Städten und Kommunen, welche das gesellschaftliche Klima am meisten beeinflussen. Die Städte sind buchstäblich die Integrationswerkstätten der Nation. Aus ihnen heraus wird seit jeher die transnationale, transregionale und transkulturelle Politik auf den verschiedensten Politikfeldern erfunden und praktiziert.[74] Es wird dabei gesellschaftlich getestet, was möglich ist und was nicht: Was den Städten gelingt, gelingt meist auch den Nationen. Wenn der französische Premierminister Manuel Valls sagt, dass die Integration gescheitert sei, bezieht er sich auf die Banlieues. Dort wird das Spannungsfeld zwischen faktischer und politisch-rechtlicher Integration besonders deutlich, denn trotz französischer Staatsbürgerschaft gelingt die einbeziehende Bürgerschaftspolitik offenbar nicht. Dies zeigt einmal mehr, dass es verschiedene Dimensionen und Prozesse der Integration gibt, die zu beachten und in einem komplizierten Geflecht aufeinander bezogen sind. Eine einfache Monokausalität gibt es hier nicht.

Integration kann selbst bei mustergültiger Begleitung scheitern, und dies aus mehreren Gründen. Wir haben es immer mit Individuen und nicht mit Kollektiven zu tun. Schon deshalb ist Vorsicht geboten gegenüber Pauschalisierungen. Die faktische städtische Desintegration mit unzumutbaren Folgen, auch das Staats- und Verwaltungsversagen, verhindert dann politische Lösungen auf nationaler Ebene. Integration ist inzwischen zu einer gesamtgesellschaftlichen Aufgabe geworden, zu deren Bewältigung die Städte und Kommunen einen wichtigen Beitrag leisten, für den sie aber weit mehr Aufmerksamkeit und Unterstützung verdienen. Die Politik der Städte bildet eine Art Querstruktur zum politologischen Mehrebenensystem der EU (Region, Nation, Europa), die eigene Perspektiven er-

öffnet: Sie folgt nicht nur einem allein auf den modernen Staat bezogenen, juridischen Begriff des Politischen. Städte, Stadtregionen und Städtenetze schaffen vielmehr neue und oft überraschende Denk- und Handlungsräume.[75] Städtepartnerschaften begannen nach dem Krieg im Zeichen der Völkerverständigung zu wirken. Sie verfügen über eine lange und vielfältige Tradition, die sowohl den Kern der deutsch-französischen Versöhnung nach 1945 ausmachten als auch nach 1989 mit den West-Ost-Partnerschaften die Bausteine zum Aufbau der kommunalen Selbstverwaltung und damit eines neuen Europa von unten lieferten.

Inzwischen gibt es eine Vielzahl von wichtigen *Städtenetzwerken* wie Eurocities, Union of the Baltic Cities, Polis oder Energie-Cités, die dafür sorgen, dass Europa in die Rathäuser kommt und alle Städte dazulernen. Sie bilden insgesamt die zivilen Netzwerke Europas. Die ‚European Coalition of Cities against Racism' (ECAR) ist auf Initiative der Unesco 2004 gegründet worden. Das 'Potsdamer Toleranzedikt' als Stadtgespräch ist ein best practice-Beispiel dieser Bewegung, zu der inzwischen mehr als hundert Städte von A bis Z, von Aberdeen bis Zürich, gehören. Potsdam ist 2006 beigetreten und bekennt sich zum Zehnpunkteprogramm[76], das im Austausch der Städte immer wieder überprüft und diskutiert wird. 2011 fand ein Treffen in Potsdam statt, und seit 2012 ist hier sogar die Geschäftsstelle der ECAR angesiedelt. 2015 wurde zudem die „Alliance of European cities against violent extremism" lanciert, die den lokalen Behörden den Erfahrungsaustausch ermöglichen soll. Dabei geht es um die Prävention gegen jihadistische Radikalisierung unter Jugendlichen, wo vor allem von der dänischen Stadt Arhus und der belgischen Stadt Vilvoorde gelernt werden kann.[77] Die Städte suchen Wege, um vorzubeugen, bevor die Polizei eingreifen muss. Vernetzung, Wissensvermittlung, Anlaufstellen und Deradikalisierung werden als wichtigste Punkte benannt.[78]

5. Zufluchtsstädte – gestern und heute

Was in Europa Staaten nicht schaffen, nämlich 160.000 Flüchtlinge zu verteilen, sollen nun Städte und Kommunen tun, wofür sie von der EU Geld bekommen.[79] Diese gute Idee folgt dem Prinzip der Subsidiarität. Kommunen können sich dabei selbst um Flüchtlinge bewerben: Sie erklären, wie viele Flüchtlinge sie aufnehmen wollen, was sie zu bieten haben und was das alles kostet. Der Fonds, in den die EU-Mitgliedstaaten einzahlen, wird von der EU-Kommission verwaltet. Die Flüchtlinge können mitentscheiden, in welche Stadt sie ziehen wollen. Zufluchtsstädte wie Genf, Amsterdam oder die ehemals osmanische Metropole Saloniki, das bis 1943 jüdische Republik der Sefarden war, gab es schon immer. So hat sich beispielsweise *Genf als ‚cité de refuge‘* sofort bereit erklärt, Menschen aus Ex-Jugoslawien aufzunehmen, deren Einbürgerungen, die in der Schweiz direktdemokratisch in den Gemeinden erfolgen, in Beromünster und Emmen (Kanton Luzern), abgelehnt worden sind. Vor mehr als 300 Jahren stand die Schweiz im Zentrum einer europäischen Flüchtlingskrise. Als

Page ihres Schleppers verkleidet will die junge Hugenottin Anne-Margerite Petit, zusammen mit 60.000 Glaubensgenossen, von Lyon nach Genf. Über ihre abenteuerliche Flucht verfasst sie einen Bericht.[80] Auch in Genf muss sie weiterziehen[81], denn Frankreich übte Druck auf die Calvin-Stadt der Reformation aus. Im heutigen Europa will man aus einem aufmüpfigen Geist heraus die Erinnerung an diese gefährlichen Fluchtwege wachhalten, welche – die katholischen Kantone sorgsam umgehend – von Genf nach Lausanne über Bern, Zürich bis zur Grenzstadt Schaffhausen führten. Von dort ging es weiter nach Norden, oft nach Deutschland, das nach dem dreißigjährigen Krieg entvölkert war. Das Edikt von Potsdam 1685 war in diesem Zusammenhang ein subversiver und zweckmäßiger Schritt der Peuplierungspolitik aus Solidarität und Mitleid mit den protestantischen Glaubensgenossen.

Amsterdam ist ebenso seit dem 15. Jahrhundert eine bekannte Zufluchtsstadt für Flüchtlinge (‚mokum‘, hebräisch ‚makom‘) mit blühender jüdischer

Gemeinde. Holland, das 150.000 verfolgten französischen Protestanten und den portugiesischen Juden, darunter der Familie Spinoza, eine neue Heimat bot, war im 17. Jahrhundert ein glücklicher Sonderfall der europäischen Geschichte, der mit seiner neostoizistischen Toleranzidee auch das Herrscherhaus von Brandenburg-Preußen beeinflusste. Für Spinoza, den Gegenspieler von Hobbes' absolutistischer Staatsidee, die in Zeiten des Krieges und des Ausnahmezustandes noch immer wirkt, liegt der Zweck des Staates in der Freiheit.[82] Er zielt damit auf die Grundlage einer Demokratie der Bürger, die durch deren Vertrauen untereinander statt durch Angst und Schrecken begründet wird. Die Meinungs-, Gedanken- und Redefreiheit soll dabei unangetastet bleiben, wenngleich dies einen hohen Preis hat: „Ich gebe allerdings zu, dass diese Freiheit auch zuweilen Missstände im Gefolge haben kann. Aber welche noch so weise Einrichtung hat es jemals gegeben, die nicht irgendeinen Missstand hätte mit sich bringen können? Wer alles durch Gesetze bestimmen will, wird eher zu Lastern reizen als Laster bessern. Was man nicht hindern kann, muss man eben notgedrungen zulassen, wenn auch oft Schaden daraus folgt. Wie viele Übel entspringen aus Üppigkeit, Neid, Habgier, Trunksucht und Ähnlichem? Man duldet sie aber, weil man sie durch gesetzliche Verbote nicht verhindern kann, obschon sie wirkliche Laster sind. Umso mehr muss man die Freiheit des Urteils gewähren, denn sie ist sicherlich eine Tugend, und sie zu unterdrücken ist unmöglich."[83] Daraus folgt die demokratische Regierungsweise, die so eingerichtet werden muss, dass die Bürger einander nicht zu fürchten brauchen."[84] Die Stadt Amsterdam, wo Spinoza als Linsenschleifer lebte (einen Ruf nach Heidelberg lehnte er ab, weil er fürchtete, die Unabhängigkeit des Denkens zu verlieren), gilt ihm als gutes Beispiel für demokratisches Regieren ebenso wie für eine gedeihliche gesellschaftliche Entwicklung.

Ist Spinozas Traum von Amsterdam heute wieder möglich, ja sogar von der EU her mit einzurichten? Werden die Städte und ihre Bürger als politische Einheiten wieder aktiver? Bilden sie auf neue Weise einmal mehr die zivilen Netzwerke Europas? Dafür braucht es über die neuzeitliche

Staatsphilosophie hinaus eine aktive und produktive Stadtphilosophie. Die Aufklärung muss heute tatsächlich aus den Salons und entfremdeten selbstreferentiellen Systemen der spezialisierten Wissenschaft hinausgehen und in die Städte hineingehen, um sich mit ihren Problemen und Konflikten zu konfrontieren: Feldforschung und teilnehmende Beobachtung sind dafür ebenso nötig wie Engagement und Distanz. Diese Fremdkonfrontation ist eine *Selbstkonfrontation* der heutigen Weltgesellschaft, die offene Dialoge anstoßen kann, die sowohl zu verbindend-verbindlichen Werten des Zusammenlebens als auch zu gemeinsamen Problemlösungen führen können. Bürgerloyalität lässt sich nicht autoritär einfordern, sondern nur durch weitergehende demokratische Bürgerbeteiligung erzeugen. Auch das ist ein Integrationsprozess.

Die große politische Bedeutung der Städte und Gemeinden, die zu Stiefkindern des Föderalismus und Anhängseln der Bundes- und Landespolitik geworden sind, wird angesichts der bevorstehenden großen Aufgaben der Flüchtlingsintegration wieder erkannt. Aber wird ihr auch genügend Rechnung getragen? Das ist zu bezweifeln. Städte und Kommunen, das steht fest, benötigen enorme, vor allem finanzielle Hilfen und geeignete Rahmenbedingungen, um die anstehenden Probleme lösen zu können. Sie brauchen deshalb erste Aufmerksamkeit im zuweilen starren Mehrebenensystem (Bund, Länder, Kreise, Kommunen). Diesbezüglich werden noch viele umdenken müssen, und der Streit um die Verteilung der Aufgaben und Kosten wird nicht so schnell aufhören.

Außerdem besteht ein *großes Gefälle* zwischen den Kommunen. Wieviel Geld die Kommunen für die Integration von Flüchtlingen bekommen, hängt von den Bundesländern ab. Die Finanzpolster sind ungleich verteilt. Es gibt reiche und arme Kommunen. Ohne eine höhere Mitfinanzierung durch die Länder werden es viele Kommunen nicht schaffen. Dabei fehlt es oft nicht an gutem Willen, sondern schlicht an Geld – Schwerte an der Ruhr (48.000 Einwohner) zum Beispiel.[85] 700 Flüchtlinge, um die sich 400 Freiwillige kümmern, sind in Schwerte gelandet. Nordrhein-Westfalen zahlt eine Pauschale: rund 10.00 Euro pro Jahr und Flüchtling. Kämmerer veranschlagen das Doppelte. Das Bundesland NRW hat 2015 die meisten Flüchtlinge aufgenommen, nämlich 330.000. Ein Finanzwissenschaftler kommentiert die Sachlage folgendermaßen: „Bund und Länder wollen wegen der Flüchtlinge auf keinen Fall Steuern erhöhen oder Schulden aufnehmen. Die Kommunen baden es aus."[86] Nun streiten sich Bund und Länder über die Integrationskosten, die eine nicht zu unterschätzende Dimension der Integration sind.

Die Ministerpräsidenten der 16 Bundesländer beziffern die Kosten auf 21 Milliarden Euro, wovon der Bund die Hälfte tragen soll. Eine Äußerung des hessischen Regierungschefs Bouffier in diesem Zusammenhang ist bemerkenswert, sie lautet: „Die Länder haben diese Einwanderung nicht zu vertreten. Das war eine Entscheidung des Bundes."[87] Die Ministerpräsidentin von Nordrhein-Westfalen äußert sich derweil erleichtert darüber, dass im Sommer 2016, nachdem die Balkan-Route geschlossen ist, nur noch wenige Flüchtlinge nach Deutschland kommen: „Wir waren in den Strukturen überfordert".[88] Der brisante Konflikt zwischen Bayern, das am meisten betroffen war und mehr Willkommenskultur praktizierte als andere, und der Bundesregierung in Berlin um Obergrenzen und strengere Grenzkontrollen schwelt weiter. Er hat zwar noch nicht zu einem Verfassungskonflikt, wohl aber zu einem verfassungsrechtlichen Gutachten geführt.[89] Der Bundesfinanzminister will derweil voller Stolz an der ‚schwarzen Null' bis 2020 festhalten, obwohl mehr investiert wird in Integrationskurse, Beschleunigung der Asylverfahren und die internationale Bekämpfung von Fluchtursachen, die freilich noch weiter verstärkt werden muss. 77,5 Milliarden Euro sind dafür vorgesehen, was zurzeit kein anderes Land in Europa aufbringen kann. Auf lange Sicht hilft tatsächlich nur die Bekämpfung der Fluchtursachen, was derzeit zum Beispiel durch ‚cash for work' in den Krisenregionen geschieht. Auch wenn die ehrgeizigen acht Milleniumsziele der UNO nicht erreicht worden sind, ist doch viel im Gange. Es sind *Dimensionen*, die überfordern, die aber dennoch bedacht und weiter bearbeitet und verfolgt werden müssen.

6. Von der Willkommenskultur zur Alltagskultur

Im Zusammenhang mit der doppelten Herausforderung, Fremde zu integrieren und den gesellschaftlichen Zusammenhalt zu stärken, gerät die Nachbarschaft der vielen Menschen wieder in den Blick.[90] Wir haben sie schon auf der Makroebene zwischen Ländern (Deutschland/Frankreich und Deutschland/Polen als Vorbilder) sowie auf der Mesoebene in und zwischen Städten angesprochen. Nun geht es vor allem um die Mikroebene, nämlich die Stadtquartiere, um Nachbarschaft im Nahbereich, wo die meisten Menschen leben (müssen). Irgendwie muss man miteinander auskommen, je dichter und problematischer die Nachbarschaft umso mehr. Das größte Experiment diesbezüglich findet gerade in China statt, wo 250 Millionen Menschen in die Städte ziehen und ein High-Speed-Urbanismus unvorstellbaren Ausmaßes stattfindet. Da es keine *gerade Linie* der Weltverbesserung gibt, sind vor allem diese Nachbarschaften (makro, meso, mikro) wahrzunehmen und auszubauen. Ein *ethisch-politisches Kriterium (1.)* ist dabei, dass man seine Interessen nicht einseitig gegen seine Nachbarn durchsetzen darf. Dies gilt im südchinesischen Meer ebenso wie zwischen Ländern, Regionen, Städten und Stadtteilen. Auf diese Weise wird die nicht-universalistische Solidarität erweiterungs- und vertiefungsfähig.

Die meisten Flüchtlinge werden übrigens von den Nachbarländern Syriens aufgenommen (Jordanien, Libanon, Türkei), was ein Ansporn mehr zu eigener solidarischer Hilfsbereitschaft sein muss. Es gibt tatsächlich nichts Gutes, außer man tut es (Kästner). Was aber ist eine ‚gute Handlung'? Nach Aristoteles gibt es keine gute Handlung ohne guten Vorsatz. Die Tugend des Charakters macht den Zielpunkt richtig, die Klugheit das, was zum Ziel führt.[91] Selbst glaubwürdig zu sein, also nicht charakterlos zu werden – Aristoteles unterscheidet auch zwischen Klugheit und Verschlagenheit – ist eine Voraussetzung dafür, Vertrauen, Beziehungen, Bündnisse und Verfahren aufzubauen und zu stärken. Der demokratischen politischen Theorie geht es dabei vor allem um die Ausschöpfung von Handlungsmöglichkeiten, indem versucht wird, das Bestmögliche für die

Stadt und den demokratischen Staat zu erreichen, ohne sich und andere zu überfordern – theoria cum praxi, Theorie mit Praxis (altgriechisch: Handeln in Solidarität), die wechselseitig voneinander lernen können.

Wenn die großen Investitionen, die bevorstehen, nicht nur Geflüchteten, sondern der gesamten Bevölkerung, insbesondere denen, die es schwer haben, zu Gute kommen sollen, ist vor allem dort zu investieren, wo Konkurrenz- und Verdrängungsstrukturen, Unterschichtung und Ausgrenzung drohen, denn diese sind Gift für ein gedeihliches Zusammenleben. Dies ist beim Arbeitsmarkt, bei der Bildung und beim bezahlbaren Wohnraum, wo die sogenannte ‚Mietbremse' offenbar nicht greift, der Fall. Es wird sogar eine Grundgesetzänderung erwogen, um mehr Mittel für den sozialen Wohnungsbau in den Ballungsräumen bereitstellen zu können, weil die Länder allein überfordert sind. Die *doppelte Integration*, bei der das Niveau der erreichten Sozialgesetzgebung nicht unterschritten werden darf, ist besonders anspruchsvoll. Sie ist unser zweites *ethisch-politisches Kriterium (2.)*, das weder eine sicherheitstech-nische noch eine sozialpädagogische Schlagseite hat. Bundesbauministerin Hendricks rechnet mit 350.000 neuen Wohnungen pro Jahr. Die Mittel für den sozialen Wohnungsbau, der lange vernachlässigt worden ist, sollen wieder aufgestockt werden. Der Wohnungsbau muss außerdem von einer sozialen Stadtentwicklung mit starken Nachbarschaften flankiert werden, damit aus Städten ‚arrival cities' werden, wozu auch die Architektur als soziale Kunst einen Beitrag leisten kann.

Natürlich spielen *Nachbarschaften* seit jeher eine herausragende Rolle gerade für Zuwanderer. Das Phänomen der sogenannten ‚Kettenwanderung' ist bekannt: „Der neu Zugewanderte, der typischerweise noch nicht in den Arbeitsmarkt und die sozialstaatlichen Netzwerke integriert ist, findet hier Hilfen, erste, häufig informelle Arbeitsmöglichkeiten, Menschen, die seine Sprache sprechen, Schutz vor Isolation und Informationen über die neue Umgebung. Solche ethnischen Nachbarschaften sind Brückenköpfe vertrauter Heimat in der Fremde, die den Schock der Migration mildern und so wichtige Funktionen im Prozess der Integration erfüllen."[92]

Von diesen „funktionsfähigen Nachbarschaften" hängt „die schnellere und bessere Integration" ab.[93] Zu ihr gehören große Investitionen in Schulen, Ausbildung, Arbeit und Sport. Dabei wird gerne übersehen, dass es aktuell um sehr viele neue Lehrer/innen und Erzieher/innen geht, die nicht nur besser bezahlt werden müssen. Denn genau an dieser Stelle erfolgt die wichtigste, auch demokratie-politische Investition in die zukünftige Bildungsrepublik, die zutiefst ungleich und ungerecht ist, denken wir nur an die Hartz IV-Kinder. Deshalb sollte man in der Politik mutig *neue Prioritäten* für die Chancengerechtigkeit setzen, wenn schon historische Aufgaben bevorstehen. Ein Satz wie: „Du bleibst, was du bist", darf nicht mehr gelten, wofür allerdings nicht nur die Politik, sondern auch die Mehrheitsgesellschaft enorme Anstrengungen zu unternehmen hat. 300.000 Flüchtlinge sind Kinder und Jugendliche. Im Unterschied zu ihren Eltern werden sie die neue Sprache schnell lernen. Vor allem die Welten der Kinder können schnell und gut zueinander finden. Die Kommunikation mit den Eltern ist dagegen oft schwieriger, was für die Schulen, ihre Lehrer und Erzieher ein Problem darstellt.

Denken wir an die Einwanderung in den 50er und 60er Jahren zurück, so wurden tatsächlich aus Fremden Nachbarn. Als ich in diesen Jahren in Zürich aufwuchs, wurden die italienischen Gastarbeiter, welche auf den vielen Baustellen die anstrengende körperliche Arbeit verrichten durften, vielerorts abwertend nur „Tschinggen" genannt. 1970 wurde sodann die erste fremdenfeindliche Volksinitiative in Europa, die sogenannte Schwarzenbach-Initiative, die 300.000 Italiener an die Grenze stellen wollte, lanciert, die bis in die Familien hinein zu heftigem Streit führte. Sie wurde knapp verworfen, dennoch blieb ein Trauma. Und vor allem: ein neues Politikfeld war eröffnet und wird seitdem bewusst im Kampf um Stimmen und Stimmungen bewirtschaftet: Mit dem Fremden wird politisiert.[94] Heute sind die Italiener, die den Deutschschweizern in vielerlei Hinsicht als ‚fremd' (ungewohnt, provokativ, freizügig) erschienen, die beliebtesten Schweizer[95], aber natürlich sind Fremdenfeindlichkeit und die rechtspopulistische Besetzung der direkten Demokratie nicht verschwunden – im Gegenteil. Die neulinke Parole „Alle Arbeiter sind Fremdarbeiter" verfing jedenfalls nicht.

In Anbetracht dieser *Erfahrungen* müssen wir uns deshalb überall auf heftige Auseinandersetzungen einstellen, selbst in der sogenannten Mitte brodelt es. Darauf kann man sich vorbereiten, wenn man bereit ist, aus der jüngeren Geschichte zu lernen und vor Ort im Sinne einer angewandten Aufklärung präsent bleibt, was nichts für ‚Schönwetter'-Demokraten ist. Das Alltagsleben vieler Verschiedener in verdichteten Räumen, möglicherweise in Quartieren mit schwieriger sozialer Struktur, ist nicht nur etwas anderes, sondern auch voraussetzungsvoller als ein Multikulti-Fest gleichgesinnter Verschiedener. Bürgerschaftliche Politik, die, solange keine Gewalt im Spiel ist, das Gespräch mit allen sucht, statt nur ständig zu etikettieren, zu moralisieren und zu verklagen, ist einzuüben, so schwierig dies ist. Dies ist vor allem eine Aufgabe der Bürger selber; Hass, Einschüchterung und Gewalt können dabei nicht durchgehen. Solange miteinander geredet wird, wird nicht aufeinander eingeschlagen. Bautzen ist nicht überall. Der ‚Antipopulismus' kann nicht akademisch bleiben, er muss eine Sprache und mehr Mut zur alltäglichen Kommunikation und weniger Arroganz finden. Toleranz besteht in guten Nachbarschaften, wo man zumindest miteinander redet, aber die private Freiheit respektiert. Politische Demonstrationen vor Privathäusern sind deshalb zu unterlassen, dafür gibt es andere Gelegenheiten. Denn auch hier gilt die biblische ‚Goldene Regel': Was du nicht willst, dass man es dir zufügt, das füge auch keinem anderen zu. Diese Regel kann potentiell jeder nachvollziehen, was in den ebenso nötigen wie oft schwierigen Bürgerversammlungen zum überzeugenden Argument werden kann.

In den Quartieren findet der Übergang von der Willkommenskultur, die manches ausblendet, zur Alltagskultur, die gesellschaftlich tragfähig ist, statt. Sind wir darauf vorbereitet? Wird den Quartieren dabei geholfen? Dieser Schritt von der aktiven Nothilfe zur alltäglichen Integration, die unspektakulär und langwierig ist, ist nun tatsächlich zu gehen. Bei *neuen Nachbarschaften*, die sich entwickeln, handelt es sich um mehr als Lückenbüßer. Es handelt sich um neue soziale Tatsachen, die sich räumlich organisieren[96] – um Wohnungsverbünde, Begegnungszentren, Schulen ohne

Rassismus, Feste, Integrationsgärten und vieles mehr. Es ist erstaunlich, wie viele originelle Projekte es gerade im Integrationsbereich, der ein gesellschaftlicher Nahbereich ist, gibt, und das schon seit vielen Jahren. Dies demonstriert jedes Jahr wieder der Integrationspreis der Stadt Potsdam, den es seit 2005 gibt und der vom Migrantenbeirat (früher Ausländerbeirat) eingerichtet worden ist. Die Praxis ist hier der Theorie voraus. Pragmatischer Wagemut an den Ankunftsorten ist vorhanden, denn auf die zahlreichen und vielfältigen *Ermöglicher* kommt es tatsächlich an; sie müssen gerade jetzt unterstützt werden. Ebenso ist überall an unbürokratische Schlichtungs- und Mediationsstellen zu denken: Der Alltagsverstand kann vieles selber, schneller und besser lösen, was mit der kreativen Praxis der Zivilgesellschaft zusammenhängt, die sich wiederum auf diese Weise weiterentwickelt.

Dies setzt allerdings voraus, dass die neuen Prioritäten, von denen wir gesprochen haben, die große Politik auch tatsächlich verändern. Dies wiederum kann man verknüpfen mit den realen Problemen von sozialen Gruppen, die eine starke Nachbarschaft benötigen – vor allem Kinder, Jugendliche und ältere Menschen, weshalb Häuser der Kulturen und Generationen, Jugendzentren und Bürgerhäuser als *Orte* der Begegnung und Demokratie von großer Bedeutung sind. Hier ist viel Raum für Kreativität und sinnvolle Tätigkeiten. Im Schlaatz zum Beispiel, dem Quartier mit dem höchsten Ausländeranteil in Brandenburg sowie dem Asylbewerberheim an der Alten Zauche, das andernorts, wo man solche Nachbarn nicht haben wollte, mit Macht verhindert worden ist, funktioniert das recht gut. Hier gibt es schon eine Tradition niedrigschwelliger Nachbarschaftskonferenzen, bei denen jeweils auch ein Polizist teilnimmt, über alles, was alle angeht. Im großen Hochhaus am Schilfhof hat sich eine Mietervereinigung gebildet, die sich selber der Probleme annimmt. Die Weidenhofschule, gleich neben dem großen Bürgerhaus aus DDR-Zeiten mit Stadtteilcafé, galt 2014 als ‚Rütli-Schule‘ Potsdams – ein „absoluter Brennpunkt", wie die Lokalzeitung titelte. Mehr als 40 Prozent der Schüler sind Migrantenkinder. Die Belastungsgrenzen bezüglich Personal und Räumen waren schon längst erreicht. Aber wer kümmert sich schon um eine Grundschule in einem belasteten Quartier? 2015 wird eine ‚Willkommensklasse' eingerichtet. Der Integrationsgarten in der Nähe, auf den schon fremdenfeindliche Anschläge verübt worden sind, dient als Schulgarten. Jedes Jahr findet zudem im Sommer die selbstgebaute und viel besuchte ‚Stadt der Kinder' statt.

Die Unterstützung der vielen kleinen Projekte, die nicht zuverlässig gesichert sind, ist finanziell kein großer Posten. Was die Einwohner jedoch am meisten stört, ist das ‚negative Image' des Stadtteils, welches angesichts der zahlreichen Aktivitäten zu Unrecht besteht. Die Wertschätzung für seine nachbarschaftlichen sozialen Tätigkeiten ist im Allgemeinen nicht vorhanden – trotz Lippenbekenntnissen. Anderes, was sich in den Vordergrund spielen kann, sorgt objektiv für *weit mehr* Aufregung und Aktivität, wenn es zum Beispiel um den Bootssteg oder die Verwaltungsschelte von Prominenten geht.

Dagegen kann sich die ‚konservative Bürgerlichkeit' in ihren privilegierten Wohngegenden, die ihr gegönnt seien, in Sachen Integration und Toleranz viel von den realen Leistungen gerade der nicht-bürgerlichen Quartiere abschneiden. Sie kennt deren problematische Realitäten meist gar nicht und will sich auch nicht auf sie einlassen. In Potsdam gibt es bereits ‚gated communities', die bezeichnende Namen wie ‚Arkadien' tragen. Die ‚Problemquartiere' sind nicht nur dort, wo die Probleme sind und oft auch gelöst werden. Die Idyllen von Arkadien, die es überall gibt, lösen keine Probleme, sondern weichen ihnen aus und suggerieren eine heile Welt. Als Alexander Gauland, vom Villenviertel der Berliner Vorstadt aus meinte, die Deutschen würden Boateng zwar als Fußballspieler, nicht aber als Nachbarn mögen, war nicht nur diese Meinung bedenklich, sondern vor allem die spätere Nachdenklichkeit dahinter. Er sagte nämlich, dass er diese Meinung nicht geäußert hätte, hätte er gewusst, dass Boateng Deutscher und Christ ist. Ist dieses Denken deutsch, ist es christlich? Zum Glück nicht mehr. Die gesellschaftlichen Mehrheiten liegen inzwischen nach langen und heftigen Auseinandersetzungen, was wir nicht vergessen sollten, woanders, aber sie dürfen nicht schlafen, denn ihre Wahrheiten sind ebenso wenig in Stein gemeißelt wie andere: Sie sind vielmehr ‚nur' intersubjektiv geteilt und gelebt.

Schluss: Städte schaffen Integration

Die Stadt Potsdam hat schneller Flüchtlingsunterkünfte eingerichtet, als das Land Bewerber anmelden konnte. Es gibt gute Beispiele für Wohnungsverbünde an der Hegelallee, in der Häckelstraße und am Staudenhof in der Innenstadt. Sie funktionieren, wenn tolerante Nachbarschaft und solidarische Hilfen von außen zusammenkommen. Die aktive lokale Politik und Verwaltung spielen ebenfalls eine unentbehrliche Rolle. So hat sich die Sozialdezernentin von Potsdam auf 28 Bürgerversammlungen, die anderenorts gar nicht oder zu spät stattfanden, den Fragen und Sorgen der Bürger/innen ebenso gestellt wie den Anfeindungen in den emotionalen und oft überfüllten Veranstaltungen (eine fand sogar in der Metropolishalle statt!). Das ist die unterste Stufe einer Leiter der Bürgerbeteiligung. Diese Versammlungen sind unbedingt nötige Informationsveranstaltungen, die zur Aufklärung beitragen und Ängste abbauen können. Aber auch sie müssen sorgfältig vorbereitet und gut moderiert sein. Darüber hinaus geht es um die Verstetigung, Verbreiterung und Verbesserung der Bürgerbeteiligung, einschließlich der Migranten, vor Ort. Dafür benötigt man ebenso, was oft unterschätzt wird, ethisch-politische Kriterien für Toleranz, Solidarität, gute Nachbarschaft, Integration und Zusammenhalt, die plausibel sind und viele überzeugen. Das Zusammenwirken von *guten Ideen* (Stadtphilosophie als praktische Philosophie des Lebens) mit *originellen Projekten* kann mehr bewirken als man denkt, wenn man lediglich in Doktrinen denkt. Der Winter 2015/16 hat dies vielerorts bewiesen und ermutigt zu weiterem Engagement, das sinnvoll ist und Freude macht.

Aktuell geht es darum, dass in den Quartieren aus Fremden Nachbarn werden. In Drewitz, Babelsberg und Potsdam-West bereitet man sich darauf vor. Beim Stadtteilnetzwerk Potsdam-West zum Beispiel verbinden sich neue Prozesse der Bürgerbeteiligung mit fantasievoller Quartiersbelebung und Aufgaben der Flüchtlingsintegration. Inzwischen gibt es zusammen mit der Stadt eine Koordinierungsstelle für neue Nachbarschaften. So kann von ‚unten' nach ‚oben' gearbeitet werden, wobei ‚Bottom-up‘ und ‚Top-down‘ nicht gegeneinander ausgespielt werden dürfen, sondern ein Zusammenspiel in die Breite finden müssen, das freilich nicht immer harmonisch ist, aber doch zu dem führen kann, was die meisten wollen: ein gutes Zusammenleben in einer sicheren, solidarischen und toleranten Stadt für alle.

Anmerkungen

[1] Der Vortrag wurde für die Konferenz des Kommunalwissenschaftlichen Instituts an der Universität Potsdam am 10. Juni 2016 zum Thema: „Zuwanderung und Kommunen" geschrieben. Der Text wurde bis Ende September 2016 vervollständigt.

[2] Wenn man Koordination und bessere Abstimmung zum Begriff des Regierens zählt, dann ist das Flüchtlingshilfe-Portal ‚HelpTo' als digitales Schwarzes Brett, das es inzwischen in elf Bundesländern gibt, ein Beispiel dafür.

[3] „Der Staat vermag vieles, aber nicht alles", so Innenminister de Maizière, der, sozusagen als ‚Verkörperung des Staates', auch gar nichts anderes sagen kann, beim ‚digitalen Flüchtlingsgipfel' am 14. Juni 2016. Dieser Staatsfiktion entspricht die Angst vor Kontrollverlust. Sie wird in Zeiten der Terrorgefahr wieder stärker. So ruft der französische Innenminister die Bürger zur Polizeiarbeit auf (Nationalgarde), und in Deutschland wird der Einsatz der Bundeswehr im Innern diskutiert und von der Verteidigungsministerin schon vorbereitet. Dazu kommen die „Kontrolllücken im Flüchtlingsstrom". Das Bundesamt für Migration und Flüchtlinge hat bis Ende September 2016, ihr selbstgestecktes Ziel, alle Flüchtlinge zu erfassen, nicht erreicht. Die Makropolitik des Leviathan wird vermisst, was nicht heißt, dass Staatshandeln heute überhaupt nicht mehr gestaltet. In die Ordnungslücke, die der Staat hinterlässt, springt inzwischen der Schwammbegriff ‚governance' ein.

[4] Es war ein Einladungsedikt vor allem zum richtigen Zeitpunkt nach dem Scheitern des Edikts von Nantes (1598), welches den Religionsfrieden zwischen Katholiken und Protestanten schaffen sollte. Die 20.000 französischen Hugenotten haben Brandenburg vorangebracht, was bis heute Spuren hinterlassen hat. Von diesen Integrationsprozessen können wir noch immer lernen. Die heutige Situation ist freilich auch eine andere. Heute sind es über 30.000 Flüchtlinge, vornehmlich Syrer, Iraker und Afghanen. Hauptgrund für die Flucht ist der Krieg in Syrien.

[5] Siehe zum Beispiel: Masterplan ‚Integration und Sicherheit', Entwurf 15. 3. 2016, Berlin, 76 Seiten.

[6] So haben Anfang Juni die 30 größten DAX-Unternehmen nur gerade 54 Flüchtlinge angestellt! Siehe FAZ, 4.7.2016.

[7] So auch die Ifo-Konferenz in München am 1. Juli 2016. Vgl. FAZ, 2. Juli 2016, S. 22. Siehe dazu auch die DIW-Studie (2013), wie die Flüchtlinge von 1990 bis 2010 auf dem Arbeitsmarkt ankommen. Die Handlungsempfehlungen lauten: schnelle Entscheidung über Bleibeaussicht, Kontakte, informelle Qualifikationen erkennen, Vorrangsprüfung einstellen, frühe Bildung der Kinder.

[8] Siehe: Flüchtlinge: Weg in den Arbeitsmarkt wird lang, in: Märkische Allgemeine Zeitung, 18. Februar 2016, S. 9.

[9] Siehe dazu auch den systematischen Klassiker in der modernen Soziologie von Talcott Parsons, der sich mit dem Hobbes'schen Problem der Ordnung (S. 82 ff.), mit der normativen Tradition von Durkheim (S. 308 ff.) sowie der idealistischen Tradition von Max Weber (S. 475 ff.) auseinandersetzt, in: The Structure of Social Action (1937), 2 Bände, New York / London 1968.

[10] Thomas Hobbes: Leviathan, oder Stoff, Form und Gewalt eines kirchlichen und bürgerlichen Staates (1651), Frankfurt am Main 1984 (hrsg. von Iring Fetscher).

[11] Vgl. Hans-Paul Bahrdt, Die moderne Großstadt, Opladen 1998 (1. Aufl. 1961).

[12] Jürgen Kaube, Was ist Fremdheit? Frankfurter Allgemeine Zeitung, 26. September 2015.

[13] Bernhard Peters, Die Integration moderner Gesellschaften, Frankfurt am Main 1993.

[14] Ich folge hier der Argumentation von Gianni D'Amato und Brigitta Gerber, Integration – eine Herausforderung für die Städte? In: dies. (Hg.), Herausforderung Integration. Städtische Migrationspolitik in der Schweiz und in Europa, Zürich 2005, S. 12 ff.

[15] So die ehemalige Integrationsbeauftragte des Landes Brandenburg, Frau Weiß, in: Heinz Kleger (Hg.), Umstrittene Bürgerschaft. Grenzen, Identitäten und Konflikte, Potsdam 2011, S. 16.

[16] Vgl. Gianni D'Amato, Vom Ausländer zum Bürger. Der Streit um die politische Integration von Einwanderern in Deutschland, Frankreich und der Schweiz, Münster 2001; siehe auch ders., mit Hinweisen auf neuere Literatur: Bürgerrechte und politische Beteiligung von Migranten in Europa,

in: D'Amato/Karolewski, Bürgerschaft und demokratische Regierbarkeit in Deutschland und Europa, Baden-Baden 2014, S. 345-367. Statt Assimilation gehen diese Überlegungen freilich in die Richtung einer Renaissance der (Staats-)Bürgerschaft (citoyenneté).

[17] Vgl. Rainer Geissler, Einheit in Verschiedenheit, in: Berliner Journal für Soziologie, H. 3/2004, S. 296.

[18] Heinz Kleger, Toleranzedikt als Stadtgespräch, Potsdam 2010, S. 54.

[19] Vgl. Geissler, a.a.O.

[20] Vgl. Gianni D'Amato/Brigitta Gerber, a. a. O., S. 15 ff.

[21] Zitiert nach ‚Potsdamer Neueste Nachrichten', 17. Juni 2016, S. 1.

[22] So der Religionssoziologe Detlef Pollack (Universität Münster), a.a.O. Vgl. auch Ruud Koopmans, Religious Fundamentalism and Out-Group Hostility among Muslims and Christians in Western Europe. WZB-Discussion Paper, Berlin 2014.

[23] A.a.O., Siehe auch ‚Die Tageszeitung', 17. Juni 2016, S. 6, unter dem Titel: „Integrationswillig, aber nicht anerkannt. Die Hälfte der türkischen Zuwanderer fühlt sich in Deutschland als Bürger zweiter Klasse". Dazu gehört auch das emotionale Gefühl, nicht gewollt zu werden. Wenn schon so viel von Willkommenskultur die Rede ist, könnten ein paar Sätze auf Türkisch von Seiten der Kanzlerin oder des Bundespräsidenten viel bewirken.

[24] Michael Walzer, Zivile Gesellschaft und amerikanische Demokratie, Berlin 1992; vgl. auch Judith N. Shklar, American Citizenship. The Quest for Inclusion, Cambridge/Mass. 1991.

[25] Siehe Stefan Neubert u.a. (Hg.), Multikulturalität in der Diskussion, Wiesbaden 2013, S. 16 f.

[26] Christoph Möllers, Die Möglichkeit von Normen, Berlin 2015. Er spricht von einer „legalistischen Kultur" der Normen in Deutschland (S. 437).

[27] Vgl. Heinz Kleger, Toleranz der Demokratie, Potsdam 2009.

[28] Emile Durkheim, Über die Teilung der sozialen Arbeit (1833), Frankfurt am Main 1977. Siehe auch Emile Durkheim, On Morality and Society, ed. Robert N. Bellah, Chicago 1973. In der Durkheim-Tradition wird auf die analysierte gesellschaftliche Differenzierung und den modernen Individualismus ebenfalls mit neuen moralischen und politischen Überlegungen der Re-Integration geantwortet. Daran knüpfen Parsons und Bellah an, während Simmel und Luhmann hier ausscheren. Zu Parsons siehe: ders., Action Theory and Human Condition, New York 1978; zu Bellah: ders. et. al., Habits of the Heart, Berkeley 1985.

[29] Georg Simmel, Über sociale Differenzierung, Leipzig 1890; ders., Soziologie, 5. Aufl. Berlin 1969. Simmels Theorie der Moderne bezieht sich ebenfalls auf Geld, Großstadt und Konflikte als „Medien" der gesellschaftlichen Integration. (24 Bde. bei Suhrkamp: Bd. 2: Über soziale Differenzierung, Bd. 6: Philosophie des Geldes, Bd. 11: Soziologie, Bd. 16: Moderne Konflikte).

[30] Talcott Parsons, Evolutionary Universals in Society, in: American Sociological Review, 29/3, 1964, S. 339-357.

[31] Niklas Luhmann, Die Gesellschaft der Gesellschaft, 2 Bde., Frankfurt am Main 1977; vgl. auch ders. (Hg.), Soziale Differenzierung: Zur Geschichte einer Idee, Opladen 1984. Der Primat funktionaler Differenzierung in Luhmanns radikalisierter Systemtheorie stimmt allerdings nicht überein mit unseren Prämissen für eine aktive Integrationspolitik, welche die normativ-politische Dimension als Handlungsfeld ernster nimmt.

[32] Ich folge hier Gertrude Lübbe-Wolff, Homogenes Volk – über Homogenitätspostulate und Integration, in: Zeitschrift für Ausländerrecht und Ausländerpolitik, 4/2007, S. 121-127.

[33] Der Illoyalitätsverdacht richtete sich früher gegen Katholiken, Atheisten und Dissenters, heute gegen den globalen Islam.

[34] Vgl. Parallele Gesellschaft, Süddeutsche.de, 27. Mai 2016.

[35] A.a.O.

[36] Siehe Dieter Gosewinkel, Schutz und Freiheit? Staatsbürgerschaft in Europa im 20. und 21. Jahrhundert, Berlin 2016.

[37] So die Schlussfolgerung von Lübbe-Wolff, a.a.O., S 127. Sie spricht von der „Sterilität der Homogenitätsthese".

[38] Man kann deshalb Differenzierung auch als „sinnvolle Desintegration" definieren und Integration als „Herstellung von Gemeinsamkeit durch die graduelle Aufhebung von Differenzen verstehen" Dabei spielen Normen eine ambivalente Rolle: einerseits wirken sie einheitsstiftend (Mitgliedschaften), andererseits bewahren sie individuelle Unterschiede. siehe Christoph Möllers, Die Möglichkeit von Normen, a.a.O., S. 418.

[39] Vgl. Niklas Luhmann, Inklusion und Exklusion, in: ders., Soziologische Aufklärung Bd. 6, Opladen 1995, S. 237-264; vgl. auch Stefan Huber, Basisaktivierung als Mittel gegen soziale Exklusion? Ein Vergleich von Quartiersmanagement und Community Organizing an Berliner Beispielen, Berlin 2016.

[40] Lübbe-Wolff, a.a.O., S. 127, Hervorhebung H. K.

[41] Grundgesetz für die Bundesrepublik Deutschland, Berlin 2002, 95 Seiten.

[42] Siehe: The Thomas Paine Reader, New York/London 1987.

[43] Die Taschenbuchausgabe (‚pocket constitution') hatte der gebürtige Pakistaner, Muslim und überzeugte Amerikaner, Vater eines im Irak-Krieg getöteten Soldaten, Khizr Khan buchstäblich in der Hand, als er die islamophoben Positionen des republikanischen Präsidentschaftskandidaten Donald Trump am demokratischen Parteitag öffentlich angriff, was selbst einen Tycoon ins Wanken bringen kann. In den Texten von Thomas Paine ist das Wort ‚Konstitution' stets kursiv geschrieben. Mehr noch als die Gründerväter verkörpert Paine mit seiner Art der politischen Philosophie die amerikanische Hoffnung.

[44] Charta der Grundrechte, in: Vertrag von Lissabon, Berlin 2010, S. 191-203.

[45] Zitiert nach ‚Märkische Allgemeine Zeitung', 18. 2. 2016, die dies über die Integrationskurse des Bundesamtes für Migration und Flüchtlinge (BAMF) schreibt.

[46] Handbuch der Verfassung des Landes Brandenburg (Hg. H. Simon u.a.), Stuttgart u.a. 1994.

[47] Hagen Schulze, Kleine deutsche Geschichte, München 1996, S. 261f.

[48] Die Willkommenskultur hat eine Kehrseite, mit der wir uns ebenso beschäftigen müssen. In der ersten Hälfte des Jahres 2016 sind 215 Menschen aus Brandenburg abgeschoben worden. Es handelt sich um abgelehnte Asylbewerber vor allem aus Serbien, Albanien und Russland. Weitere 506 Asylbewerber haben das Land über Programme zur Unterstützung der freiwilligen Rückkehr verlassen. Darunter wieder vor allem Personen aus Albanien, Russland und Serbien. Die Asylbewerber, welche das Land eigenständig verlassen, werden statistisch nicht erfasst. Vieles steht im Asylbereich tatsächlich im Argen, weil es im Aufmerksamkeitsschatten liegt; eine ‚Law clinic' für Integrationsrecht ist deshalb ebenso nötig wie Härtefallkommissionen und in gut begründeten Ausnahmefällen sogar Kirchenasyl.

[49] Siehe auch Anmerkung 84.

[50] Potsdamer Toleranzedikt 2008; 1685/2008 Neues Potsdamer Toleranzedikt, Potsdam 2016; Wege zur gelebten Toleranz, Dessau-Roßlau 2016.

[51] Konzept für Erinnerungskultur, Potsdam 2014.

[52] Gabriel bezeichnet die Sozialdemokraten auch als „Spezialisten des Zusammenhalts". In dieser Beziehung ist das Glas immer halb voll oder halb leer, denn worauf bezieht sich der Zusammenhalt genau? Das ist die Frage.

[53] Hartmut Häussermann, Migranten und Urbanität, in: D'Amato/Gerber, a.a.O., S. 141.

[54] A.a.O., S. 141 f.

[55] A.a.O., S. 141.

[56] Vgl. Johanna Tremp, Vom Integrationsleitbild zur Integrationspolitik der Stadt Zürich, in: D'Amato/Gerber, S. 87-92.

[57] Vgl. Thomas Kessler, Das Integrationsleitbild des Kantons Basel-Stadt, in: D'Amato/Gerber, S. 104-111. Weitere Städte, die vorgestellt und analysiert werden, sind: Bern (S. 93 ff., S. 100 ff.), Winterthur (S. 112 ff.), Neuchâtel und Genève (S. 120 ff.).

[58] Vgl. Integrationskonzept der Landeshauptstadt Potsdam, acht Arbeitsgruppen mit 75 Mitgliedern, Potsdam 2008, 46 Seiten.

[59] Vgl. auch Heinz Kleger, Toleranzedikt als Stadtgespräch, Potsdam 2010, S. 53.

[60] Potsdamer Neueste Nachrichten, 17. September 2015, S. 7.

[61] Bearbeitungsstand 17. Mai 2016, 79 Seiten.

[62] 89 Seiten, (www.stuttgart.de/integration; http://www.stuttgart.de/item/show234480).

[63] 62 Seiten, (www.hamburg.de/integration/serice/115238/integrationskonzept/; http://www.hamburg.de/pressearchiv.fhh/3842080/2013-02-26-basfi-integrationskonzept/).

[64] 82 Seiten, (www.muenchen.de/rathaus/Stadtverwaltung/Sozialreferat/Wohnungsamt/Interkult/integrationspolitik.html).

[65] 90 Seiten, (https://www.dresden.de/media/bilder/auslaender/integrationskonzept_aktuell_nach_Beschluss.pdf).

[66] 81 Seiten, (https://www.frankfurt.de/sixcms/detail.php?id=3745&_ffmpar%5B_id_inhalt%5D=6158824).

[67] 74 Seiten, (http://www.stadt-koeln.de/leben-in-koeln/soziales/integration/konzept-zur-staerkung-der-integrativen-stadtgesellschaft).

[68] Vgl. S. 56 – 81.

[69] Vgl. S. 67 – 82.

[70] Die Pim Fortuyns stammen nicht vom Land.

[71] Vgl. Birgit Wehrli-Schindler, Integration im urbanen Kontext, in: D'Amato/Gerber, S. 80.

[72] Vgl. Potsdamer Neueste Nachrichten, 18. Februar 2016, S. 12.

[73] A.a.O.

[74] Heinz Kleger, Städte zwischen Transnationalität und republikanischer Verpflichtung. In: D'Amato/Gerber, Herausforderung Integration, a.a.O., S. 56-78..

[75] Heinz Kleger/André Lomsky/ Franz Weigt (Hg.), Von der Agglomeration zur Städteregion. Neue politische Denk- und Kooperationsräume, Berlin 2006.

[76] Vgl. http://www.unesco.org/new/en/social-and-human-sciences/themes/human-rights/fight-against-discoimination/caclition-of-citie

[77] Siehe Neue Zürcher Zeitung, 12. 11. 2014 und 8. 7. 2016: „Den Jihadismus gemeinsam angehen." (S. 32). Terrorismus ist nicht nur Gewalt, er hat auch ideologische und soziale Dimensionen.

[78] Vgl. „Die Angst vor der Radikalisierung", in: Neue Zürcher Zeitung, 25. Juni 2016, S. 33.

[79] Siehe Caterina Lobenstein, Bürgermeister, übernehmen Sie! In: Die Zeit, 19. Mai 2016, S. 21.

[80] Vgl. die 'Mémoires de Madame Du Noyer', Amsterdam 1760. Siehe dazu Marcel Amrein, Fluchtroute durch die Schweiz, Neue Zürcher Zeitung, 7. November 2015, S. 19. Siehe auch Patrick Cabanel, Itinéraires protestants en Languedoc XVIe-XXe siècle, 3 Bde., Montpellier 1998-2001.

[81] Von hier aus zweigten auch die Wege der Waldenser, dieser ‚Protestanten vor der Reformation', in die schwer zugänglichen Bergtäler ab. Die Waldensergemeinden sind Flucht- und Zufluchtsgemeinden geblieben – trotz schwerster Bedrängnisse.

[82] Baruch de Spinoza, Theologisch-Politischer Traktat (1670), Hamburg 1984, S. 301.

[83] Spinoza, a.a.O., S. 304.

[84] Spinoza, a.a.O., S. 307. Zur Definition von Demokratie, die Spinoza hundert Jahre vor Rousseau als positiven Begriff in die Philosophie einführt, vgl. auch S. 237 f.

[85] Vgl. Schwerte schafft es nicht, in: Die Zeit, 11. Februar 2016, S. 20.

[86] A.a.O.

[87] Zitiert in der Frankfurter Allgemeinen Zeitung, 18. Juni 2016, S. 1.

[88] Märkische Allgemeine Zeitung, 19. Juli 2016, S. 5.

[89] Siehe Udo di Fabio, Migrationskrise als föderales Verfassungsproblem, 2016 (121 Seiten ohne Literaturverzeichnis).

[90] Barbara Hendricks, Auf gute Nachbarschaft, in: Märkische Allgemeine Zeitung, 19./20. März 2016, S. 2.

[91] Vgl. Aristoteles, Nikomachische Ethik, Buch VI, Reinbek bei Hamburg 2011, 3. Aufl.

[92] Siebel, a.a.O., Hervorhebung H. K.

[93] Hendricks, a. a. O.

[94] Vgl. Damir Skenderovic, Gianni D'Amato, Mit dem Fremden politisieren. Rechtspopulismus und Migrationspolitik in der Schweiz seit den 1960er Jahren, Zürich 2008.

[95] Sie haben die Schweizer und sich selbst verändert – im bereichernden Sinne für beide Seiten und das Land insgesamt.

[96] Walter Siebel, Ist Nachbarschaft heute noch möglich? www.de/magazin Nachbarschaft.

Literatur

Aristoteles, Nikomachische Ethik, Reinbek bei Hamburg 2011, 3. Aufl.

Bellah, Robert N. et. al.: Habits of the Heart, Berkeley 1985.

Bahrdt, Hans-Paul: Die moderne Großstadt, Opladen 1998 (1. Aufl. 1961).

Cabanel, Patrick (dir.): Itinéraires protestants en Languedoc XVIe-XXe siècles, 3 / Bde., Montpellier 1998-2001.

D'Amato, Gianni: Vom Ausländer zum Bürger. Der Streit um die politische Integration von Einwanderern in Deutschland, Frankreich und der Schweiz, Münster 2001.

D'Amato, Gianni; Gerber, Brigitta (Hg.): Herausforderung Integration. Städtische Migrationspolitik in der Schweiz und in Europa, Zürich 2005.

D'Amato, Gianni: Rechte und politische Beteiligung von Migranten in Europa, in: D'Amato/Karolewski, S. 345 - 367.

D'Amato, Karolewski (Hg.), Bürgerschaft und demokratische Regierbarkeit in Deutschland und Europa, Baden-Baden 2014.

Di Fabio, Udo: Migrationskrise als föderales Verfassungsproblem, 2016.

Durkheim, Emile: Über die Teilung der sozialen Arbeit, Frankfurt am Main 1977 (1833).

Durkheim, Emile: On Morality and Society, ed. Robert N. Bellah, Chicago 1973.

Geissler, Rainer: Einheit in Verschiedenheit, in: Berliner Journal für Soziologie, H 3/2004.

Gosewinkel, Dieter: Schutz und Freiheit? Berlin 2016.

Häussermann, Hartmut: Migranten und Urbanität, in: D'Amato/Gerber (Hg.), Herausforderung Integration, S. 133-142.

Hendricks, Barbara: Auf gute Nachbarschaft, in: Märkische Allgemeine Zeitung, 19./20. März 2016.

Hobbes, Thomas: Leviathan (1651), FfM 1984.

Huber, Stefan: Basisaktivierung als Mittel gegen soziale Exklusion? Ein Vergleich von Quartiersmanagement und Community Organizing an Berliner Beispielen, Berlin 2016.

Integrationskonzept „Teilhabe, interkulturelle Öffnung und Zusammenhalt", Hamburg 2006/2013.

„Interkulturelles Integrationskonzept", München 2008.

Integrations- und Diversitätskonzept „Vielfalt bewegt Frankfurt", Frankfurt am Main 2010.

Integrationskonzept der Stadt Potsdam 2008.

Integrationskonzept der Stadt Potsdam 2016 – 2019.

Kaube, Jürgen Was ist Fremdheit? Frankfurter Allgemeine Zeitung, 26. September 2015.

Kessler, Thomas: Das Integrationsleitbild des Kantons Basel-Stadt, in: D'Amato/Gerber (Hg.), Herausforderung Integration, S. 104-111.

Kleger, Heinz: Städte zwischen Transnationalität und republikanischer Verpflichtung, in: D'Amato/Gerber (Hg.), Herausforderung Integration, S. 56-78.

Kleger, Heinz: Toleranz der Demokratie, Potsdam 2009.

Kleger, Heinz: Toleranzedikt als Stadtgespräch, Potsdam 2010.

Kleger, Heinz (Hg.): Umstrittene Bürgerschaft. Grenzen, Identitäten und Konflikte, Potsdam 2011.

Kleger, Heinz; Lomsky, André; Weigt, Franz (Hg.): Von der Agglomeration zur Stadtregion. Neue politische Denk- und Kooperationsräume, Berlin 2006.

Koopmans, Ruud: Religious Fundamentalism and Hostility against Out-Groups. A comparison of Muslims and Christians in Western Europe, in: Journal of Ethnic and Migration Studies, Vol. 41, No. 1 / 2014, S. 33-57.

„Konzept zur Integration von Migrantinnen und Migranten", Dresden 2009/2013.

„Konzept zur Stärkung der integrativen Stadtgesellschaft", Köln 2011.

Lobenstein, Caterina: Bürgermeister, übernehmen Sie! In: Die Zeit, 14. Mai 2016.

Lübbe-Wolff, Gertrude: Homogenes Volk – über Homogenitätspostulate und Integration, in: Zeitschrift für Ausländerrecht und Ausländerpolitik, 4/2007.

Luhmann, Niklas: Inklusion und Exklusion, in: ders., Soziologische Aufklärung, Bd. 6, Opladen 1995, S. 237-264.

Luhmann, Niklas: Die Gesellschaft der Gesellschaft, 2 Bde., Frankfurt am Main 1977.

Luhmann, Niklas (Hg.): Soziale Differenzierung: Zur Geschichte einer Idee, Opladen 1984.

„Masterplan Integration und Sicherheit", Berlin 2015/2016.

Möllers, Christoph: Die Möglichkeit der Normen, Berlin 2015.

Neubert, Stefan u. a. (Hg.): Multikulturalität in der Diskussion, Wiesbaden 2013.

Paine, Thomas: The Thomas Paine Reader, New York/London 1987.

Parsons, Talcott: The Structure of Social Action (1937), 2 Bände, New York / London 1968.

Parsons, Talcott: Evolutionary Universals in Society, in: American Sociological Review 29/3, 1964, S. 339-357.

Parsons, Talcott: Action Theory and Human Condition, New York 1978.

Peters, Bernhard: Die Integration moderner Gesellschaften, Frankfurt am Main 1993.

Potsdamer Toleranzedikt 2008.

Shklar, Judith: American Citizenship, Cambridge/Mass. 1991.

Siebel, Walter: Ist Nachbarschaft heute noch möglich? Magazin Nachbarschaft.

Simmel, Georg: Über sociale Differenzierung, Leipzig 1890.

Simmel, Georg: Soziologie, Berlin 1965, 5. Aufl.

Simmel, Georg, Gesamtausgabe, 24 Bde., Frankfurt am Main 2000ff.

Schulze, Hagen: Kleine Deutsche Geschichte, München 1996.

Skenderovic, Damir/Gianni D'Amato: Mit dem Fremden politisieren, Zürich 2008.

Strategiepapier „Ein Bündnis für Integration", Stuttgart 2001.

Spinoza, Baruch de: Theologisch-Politischer Traktat (1670), Hamburg 1984.

Tremp, Johanna: Vom Integrationsleitbild zur Integrationspolitik der Stadt Zürich, in: D'Amato/Gerber (Hg,), Herausforderung Integration, S. 87-92.

Walzer, Michael: Zivile Gesellschaft und amerikanische Demokratie, Berlin 1992.

Wehrli-Schindler, Birgit: Integration im urbanen Kontext, in: D'Amato/Gerber (Hg,), Herausforderung Integration, S. 79-84.

Weiss, Karin: „Wissen wir, was deutsch ist?", in: Kleger (Hg.), Umstrittene Bürgerschaft, 2011, S. 15-19.

Heinz Kleger, Michaela Burkard, Sebastian Gillwald, Daniel Wetzel

Das Hilfe-Portal HelpTo.de – von der Nothilfe zum Integrationsportal

1. Einleitung

Das Jahr 2015 war geprägt durch enorme Herausforderungen für unsere Gesellschaft. Viele Menschen flohen vor Krieg und Armut nach Europa – speziell nach Deutschland. Innerhalb kürzester Zeit mussten Unterkünfte geschaffen und die Menschen mit dem Notwendigsten versorgt werden. Dies stellte für die Kommunen einen gewaltigen Kraftakt dar, der ohne die große Hilfsbereitschaft von ehrenamtlich Helfenden kaum zu bewältigen gewesen wäre. Wo Politik und Verwaltung an ihre Grenzen kamen, rückten die Menschen näher zusammen. Die engagierte Bürgergesellschaft leistete in diesen Wochen und Monaten Beeindruckendes. Auch viele Menschen, die sich bisher noch nicht oder nur sporadisch engagiert hatten, halfen nun in der Kleiderkammer, gaben Sprachunterricht oder übernahmen Patenschaften. Diese enorme Hilfsbereitschaft zu verstetigen und langfristig aufrecht zu erhalten, wird eine der großen Herausforderungen der nächsten Monate sein.

Um die Hilfe schnell und gut zu vernetzen und die zivilgesellschaftliche Arbeit zu koordinieren wurde in Potsdam das Hilfe-Portal HelpTo entwickelt. HelpTo ist das Ergebnis bürgerschaftlichen Engagements. Das Portal wurde im Oktober 2015 auf Initiative des Vereins Neues Potsdamer Toleranzedikt und mit Hilfe von Spenden und ehrenamtlicher Arbeit von Vereinsmitgliedern umgesetzt und gestartet. Mittlerweile kann HelpTo in 80 kreisfreie Städten und Landkreisen in elf Bundesländern genutzt werden und gehört zu den wirkungsvollsten Anwendungen der digitalen Flüchtlingshilfe.

Auf dem Potsdamer Portal, um das es in der vorliegenden Untersuchung gehen soll, wurden seit dem Start im Oktober 2015 weit über 1.000 Angebote und Gesuche über das Portal vermittelt. Zahlreiche Willkommensinitiativen, soziale Träger, Wohnunterkünfte und ehrenamtliche Helferinnen und Helfer meldeten sich seitdem auf der Plattform an und nutzen diese regelmäßig. Nachdem HelpTo in den vergangenen zehn Monaten in Potsdam erfolgreich etabliert wurde, geht es nun darum, ein erstes Resümee zu ziehen. Im Mittelpunkt der vorliegenden Analyse steht die Frage, ob und wie sich die eingestellten Angebote und Gesuche im Laufe der Zeit verändert haben.

Wir vermuteten, dass es zum Start des Portals im Herbst 2015 zunächst um die schnelle Versorgung mit dem Allernötigsten ging. Bis zum Sommer 2016 rückten dann andere Dinge in den Vordergrund: Angebote zur Integration, zum gegenseitigen Kennenlernen, aber auch Sachspenden für die eigene Wohnung. Diese Entwicklung ging einher mit einer Berichterstattung in den Medien, die zunächst über direkte, spontane Hilfeleistung berichtete, später dagegen Fragen nach der nachhaltigen Integration geflüchteter Menschen stellte.

2. Methodische Reflexionen

Die in dieser Publikation vorliegenden Zahlen sollen einen Einblick ermöglichen, ob und wenn ja in welcher Hinsicht die Hilfe für Flüchtlinge eine Entwicklung durchgemacht hat. Die Datenerhebung eines Online-Portals über einen begrenzten Zeitraum kann dabei keineswegs den Anspruch erheben, allgemeingültige Erkenntnisse zu produzieren. Sie kann aber Trends und Entwicklungen bestätigen oder widerlegen, die wir auch über andere Kanäle wahrnehmen und die in weiteren Untersuchungen beleuchtet werden.

Aus dem täglichen Monitoring der Angebote und Gesuche auf HelpTo, aber auch aus dem inhaltlichen Wandel medialer Berichterstattung über Flüchtlingshilfe, lässt sich eine erste These ableiten: Die Unterstützung für geflüchtete Menschen hat sich im Zeitraum zwischen Spätsommer 2015 und Sommer 2016 von der ersten Notversorgung zu nachhaltigen Integrationsangeboten gewandelt.

Hilfe und Unterstützung für Flüchtlinge bestanden im Spätsommer und Herbst 2015 zunächst aus Sachspenden und der Versorgung mit dem Allernötigsten. Über Zeitungen und das Internet wurde regional nach Dingen gesucht, die Flüchtlinge direkt nach ihrer Ankunft in Deutschland benötigten, und die zu diesem Zeitpunkt von den Unterkünften nicht oder in nicht ausreichendem Maße gestellt werden konnten. Dazu zählen etwa Hygieneartikel, Handtücher, Bettwäsche, Kleidung und ähnliches. Im Laufe der Monate wandelten sich diese Gesuche: Gefragt waren verstärkt ehrenamtliche Kräfte, etwa, um Deutschunterricht anzubieten, um geflüchteten Kindern in der Schule zu helfen oder allgemein Personen, die Flüchtlinge bei ihrer Integration in das regionale Umfeld unterstützen. In den regionalen Medien wurde verstärkt über Willkommensinitiativen und deren vielfältige Ideen berichtet, Flüchtlinge in die heimische Gesellschaft zu integrieren. Die Komponente der Sachspenden ist dabei allerdings nie ganz verschwunden: zentrale Sammelstellen, Kleiderkammern und die individuelle Vermittlung von Sachspenden sind bis zum Sommer 2016 aktuell geblieben.

Diese Entwicklungen galt es näher zu untersuchen.

Welche Daten wurden erfasst?

Für diese Publikation wurde ein zehnmonatiger Zeitraum vom 8. Oktober 2015 bis 8. August 2016 untersucht. Da das Potsdamer Portal als erstes online ging und die anderen Portale im Abstand von einigen Wochen oder gar Monaten folgten, ist ein Vergleich der verschiedenen Portale nur schwer möglich, ohne eine Verzerrung der Ergebnisse zu erhalten. Die Daten beziehen sich daher allein auf das Potsdamer Portal und geben insbesondere einen Einblick in Entwicklungen der Flüchtlingshilfe in Städten ähnlicher Größe.[1]

Bei der Datenerhebung wurden folgende Merkmale erfasst:

- ▶ Angebot oder Gesuch
- ▶ Kategorie
- ▶ Unterkategorie
- ▶ Datum, an dem die Anzeige eingestellt wurde

So konnte für jeden Tag der untersuchten zehn Monate festgestellt werden, welche Art von Anzeigen eingestellt wurden.

Als Angebote zu Integration wurden alle Kategorien gefasst, die nicht in die Rubrik *Sachspenden, Fahrdienste & Transporte* oder *Projektideen & Förderungen* fielen.[2] Die Integrationsangebote finden sich demnach in folgenden Kategorien: *Begleitung & Beratung, Familie & Kinder, Bildung und Wissenschaft, Arbeit, Freizeit, Sprache* und *Wohnen*.

Grenzen der Studie

Da die erhobenen Daten allein auf das Potsdamer Portal zurückgehen, lassen sich die Ergebnisse nicht eins zu eins auf den ländlichen Raum oder Großstädte wie Berlin übertragen, die ihre ganz eigenen Charakteristika aufweisen. Gleichwohl lassen sich Trends und Entwicklungen ablesen, die in ihrer Grundrichtung auch in anderen Regionen oder bundesweit gelten.

Eine weitere Grenze der Studie zeigt sich in der Systematik der Datenerhebung: Das HelpTo-Portal ermöglicht es, Anzeigen einige Tage, einige Monate oder noch länger einzustellen: Wer ein Angebot oder Gesuch einstellt, kann selbst entscheiden, wie lange die Anzeige sichtbar bleibt. Anzeigen für Sachspenden werden in der Regel rasch vermittelt und anschließend offline gestellt – ist ein Gegenstand verschenkt, nimmt die Nutzerin oder der Nutzer das Angebot wieder heraus. Angebote zur Integration, also etwa die Kontaktdaten und Termine eines Beratungsangebots oder Begegnungscafés bleiben dagegen oft Monate online, weil diese Angebote über einen längeren Zeitraum gültig sind und von mehreren Personen genutzt werden können. Aufgrund fehlender Analysetools im System konnte für die vorliegende Erhebung jedoch nur erfasst werden wann ein Angebot oder Gesuch eingestellt wurde, jedoch nicht, wie lange es online war. Die Daten decken daher nicht die an einem Tag bestehende Gesamtsumme aller vorhandenen Angebote und Gesuche ab.

Angebote auf dem Portal umfassen sowohl Sachspenden als auch Integrationsangebote. Sie unterscheiden sich in ihrer Art voneinander, auch wenn sie vom System formal gleichbehandelt werden. Dies erklärt auch, warum die Integrationsangebote auf dem Portal in ihrer Gesamtheit zahlenmäßig geringer vertreten sind und insgesamt auch weniger starken Schwankungen unterliegen als Sachspenden. Der Bereich der Integrationsangebote ist zudem noch in einer weiteren Rubrik des HelpTo-Portals vertreten: den Profilen. Profile können von Initiativen, Vereinen, Organisationen und soziale Trägern angelegt werden. Daher wurden auch diese in die Auswertung miteinbezogen.

Die Angebote und Gesuche auf HelpTo bilden darüber hinaus nur einen Teil des gesamten Segments der Flüchtlingshilfe ab, nämlich den, der tatsächlich auch den Weg in die Online-Welt findet. Entwicklungen, die außerhalb des Portals stattfinden, werden durch diese Untersuchung nicht abgedeckt.

Für den gesamten Bereich der Flüchtlingshilfe – egal ob online oder offline – gilt: Angebot und Nachfrage müssen sich keineswegs decken. Beispielhaft hierfür sind etwa Meldungen von zentralen Spendenannahmestellen, die deutlich mehr Spenden erhielten, als der Bedarf und die Kapazitäten ge-

fordert hätten. Auch bei Flüchtlingsunterkünften meldeten sich teilweise
mehr freiwillig Helfende, als tatsächlich gebraucht wurden. Auch hier kam
es zu einer Veränderung. Seit dem
Sommer 2016 werden teilweise wieder mehr ehrenamtliche Helfer/innen
gesucht, als es tatsächlich gibt.[3]

Angebote und Gesuche zeigen demnach die Flüchtlingshilfe aus verschiedenen Perspektiven.

3. HelpTo – von der Idee zur Umsetzung

Im Jahr 2015 standen viele Kommunen in Deutschland aufgrund der gestiegenen Flüchtlingszahlen vor enormen Herausforderungen. Eine Welle der Hilfsbereitschaft ging durch unsere Gesellschaft. Ohne die vielen ehrenamtlichen Helferinnen und Helfer und die zivilgesellschaftlichen Organisationen wäre manche praktische Hilfe nicht umsetzbar gewesen und die Situation der Flüchtlinge oftmals schwierig.

Auch die Landeshauptstadt Potsdam stand, wie jede andere Kommune in Deutschland, spätestens im Spätsommer 2015 vor der großen Herausforderung, verstärkt Flüchtlinge aufnehmen zu müssen. Im Jahr 2015 wurden insgesamt 1.494 Flüchtlinge[4] in Potsdam aufgenommen. Mitte September 2015 wurde eine Außenstelle der Erstaufnahmeeinrichtung Eisenhüttenstadt in Potsdam eröffnet. Dort waren zwischenzeitlich bis zu 500 Flüchtlinge untergebracht. Besonders dort, aber auch in den vielen anderen Einrichtungen in der Stadt, zeigte sich die enorme Hilfsbereitschaft der Potsdamerinnen und Potsdamer. So unterstützten sie unter anderem beim Einrichten der Räume oder durch die Organisation von Sprach- und Freizeitangeboten. Zahlreiche Sachspenden und das ehrenamtliche Engagement haben geholfen, dass die Geflüchteten gut in Potsdam aufgenommen werden konnten.

Auch für die Mitglieder des Vereins Neues Potsdamer Toleranzedikt stellte sich bereits früh die Frage, wie man sich als Individuum und als Verein einbringen kann. Flüchtlingen und ihrer dezentralen Wohnungsunterbringung (anstatt in Sammelunterkünften) galt schon immer eine besondere Aufmerksamkeit des Toleranzedikts. Dieses wurde 2008 in einem breiten Bürgerdialog erarbeitet, in der Stadtverordnetenversammlung verabschiedet und vom Oberbürgermeister zum Leitbild erklärt.[5] Die Flüchtlingsthematik im Herbst 2015 war deshalb eine besondere Bewährungsprobe für das aktuelle Toleranzedikt, das nicht nur auf dem Papier existieren sollte. Seine Grundsätze sollen vielmehr Anknüpfungspunkte für eine bestimmte Praxis sein. Recht schnell stellte sich heraus, dass es an einer digitalen Vernetzung der Akteure im Bereich der Flüchtlingshilfe mangelt, ebenso an Anlaufstellen und Informationen, wie und wo sich die Helferinnen und Helfer konkret einbringen können. Auch im Hinblick auf die Herausforderungen einer langfristigen Integrationsarbeit war es erforderlich, ein Angebot zu schaffen, das die Hilfsangebote koordiniert und der hilfsbereiten Bevölkerung als Anlaufstelle dient.

Um hier zu unterstützen wurde HelpTo geschaffen – mit privaten Spenden und viel ehrenamtlicher Arbeit. HelpTo verbindet Flüchtlinge mit Initiativen, engagierten Bürgerinnen und Bürgern, Organisationen, Unternehmen und Kommunen. Die Idee hinter dem Portal war es, eine zentrale Anlaufstelle zu schaffen, über die alles abrufbar ist und gleichzeitig einen Ort zu bieten, auf dem die verschiedenen Hilfsangebote koordiniert und die verschiedenen Akteure sich untereinander vernetzen können. HelpTo sollte allen, die sich helfend einbringen wollen, einen ersten Anlaufpunkt ermöglichen. Ziel war es nicht, die Arbeit der Initiativen vor Ort zu ersetzen, sondern vielmehr sollte ihre Arbeit durch ein Tool zur Vernetzung und Koordinierung zu erleichtert werden.

HelpTo ging am 7. Oktober 2015 als Flüchtlings-Hilfe-Portal in der Landeshauptstadt Potsdam online. Die Pressekonferenz fand in den Räumlichkeiten des Staudenhofs statt, einer aus 25 Wohnungen bestehenden Flüchtlingsunterkunft in der Potsdamer Innenstadt. Der Vorsitzende des Vereins Neues Potsdamer Toleranzedikt, Christoph Miethke, stellte zusammen mit dem brandenburgischen Minister für Bildung, Jugend und Sport, Günter Baaske, dem Oberbürgermeister der Landeshauptstadt Potsdam, Jann Jakobs, und Anne Böttcher, Geschäftsführerin der Arbeiterwohlfahrt Brandenburg, das Portal der Presse und Interessierten vor:

„Die große Zahl an Flüchtlingen bringt die Kommunen an die Grenze ihrer Leistungsfähigkeit. Deshalb ist es besonders wichtig, dass zivilgesellschaftliches Engagement und staatliche Aufgaben gut miteinander verzahnt sind. HelpTo kann ein Instrument werden, um diese Funktion zu erfüllen. Ich wünsche mir, dass möglichst viele Menschen dieses Angebot nutzen"

Oberbürgermeister Jann Jakobs

Was als Portal für Potsdam gedacht war, wurde zu einer Erfolgsgeschichte und verbreite sich in Brandenburg und darüber hinaus. Schnell stellte sich heraus, dass die Idee und Funktionsweise auch auf jede andere Stadt und Region übertragen werden kann. Die Macher erreichten zahlreiche Anfragen, zunächst aus Brandenburg, aber auch aus anderen Bundesländern. HelpTo war von Anfang an „Made in Brandenburg"[6], aber keineswegs darauf beschränkt. Es folgten Berlin, Magdeburg, der hessische Landkreis Marburg-Biedenkopf oder das baden-württembergische Ludwigsburg. Mittlerweile[7] ist HelpTo mit 80 Portalen in elf Bundesländern präsent, darunter flächendeckend in Berlin, Brandenburg, Sachsen-Anhalt und Thüringen sowie in einzelnen Landkreisen in Hessen, Mecklenburg-Vorpommern, Niedersachsen, Rheinland-Pfalz, Sachsen, Baden-Württemberg und Bayern.

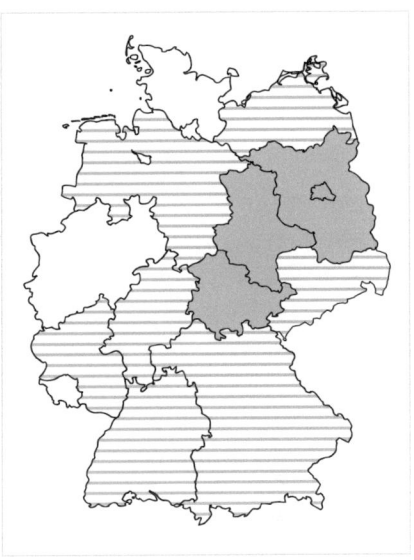

Abbildung 1: Projektstandorte deutschlandweit

Projektphilosophie

Im Frühjahr 2016 wurde eine erste Bilanz gezogen und Ideen zur Weiterentwicklung des Portals gesammelt. Hierbei wurde schnell klar, dass es für die Mitarbeitenden einige normative Grundlagen braucht, anhand derer zukünftige strategische und technische Weiterentwicklungen sich orientieren. Es wurde daher in einem mehrwöchigen Prozess eine Projektphilosophie erarbeitet, die anschließend in alle Arbeitsprozesse integriert wurde.

Netzwerkkonferenz im Juni 2016

sozial & engagiert

Wir sind davon überzeugt, dass Menschen mit ihrem Engagement etwas bewegen können. Daher unterstützen wir sie, indem wir Möglichkeiten für soziales Handeln aufzeigen, egal ob es sich um finanzielle, materielle, ideelle Unterstützung oder praktischen Einsatz handelt.

Engagement macht glücklich. Jeder kann sich engagieren, kurz- oder langfristig. Als zentrale Anlaufstelle erleichtern wir mit unserer Plattform den Einstieg in gesellschaftliches Engagement und zeigen die Vielfalt an Beteiligungsmöglichkeiten

menschlich & nah

Wir möchten Menschen motivieren, füreinander da zu sein. Um sie dabei zu unterstützen, bieten wir ein Portal, das Helfende und Hilfesuchende zusammenbringt und dabei niemanden ausschließt.

Die Basis für eine nachhaltige Lebensperspektive aller Menschen sind Engagement, Nähe, Menschlichkeit und Integration. Wir leben in einem Teil der privilegierten Welt, in der davon eigentlich im Überfluss vorhanden ist. Manchmal braucht es nur einen Anstoß. Den möchten wir geben und davon möchten wir erzählen. Die Welt ist bunt. Vielfalt und Diversität macht sie nicht nur bunter, sondern auch klüger, besser und besonders.

direkt & unkompliziert

In einer Welt der zunehmenden Digitalisierung, des ewigen Zeitmangels und der wachsenden Schere zwischen Wohlstand und Bedürftigkeit muss Hilfe für die Helfenden vor allem eins sein: direkt und unkompliziert. Unser Anspruch ist deshalb: jeder soll in wenigen Schritten die gesuchten Informationen finden sowie unkompliziert Hilfe anbieten und realisieren können. Die Hürden "Zeit" und "Aufwand" dürfen kein Kriterium sein, um nicht zu helfen.

Ein besonderer Fokus von HelpTo liegt deshalb auf der Benutzerfreundlichkeit der Plattform. Wir verbinden Menschen miteinander und leisten so einen Beitrag zur Integration – in das Portal, in das Engagement, in die Gesellschaft.

gemeinnützig & unabhängig

Hinter dem gemeinnützigen Projekt steht der Verein Neues Potsdamer Toleranzedikt. Wir finanzieren uns über Spenden, Sponsoring und Förderungen. Dabei bleiben wir unabhängig in unserem Denken und Handeln.[8]

4. Wo stehen wir jetzt?

HelpTo entwickelt sich stetig weiter. Trotz nachlassender Flüchtlingszahlen werden immer wieder neue Portale freigeschaltet. Im Sommer 2016 sind es vor allem Landkreise in Baden-Württemberg und Bayern, die sich am Beispiel des erfolgreich etablierten Portals der Stadt und des Landkreises Ludwigsburg oder Erlangen orientieren.

Neben der regionalen Verbreitung des Portals findet eine inhaltliche und technische Weiterentwicklung statt. Dazu gehören etwa neue Funktionen auf dem Portal oder neue inhaltliche Schwerpunkte. Informationen wurden bisher zu folgenden Themen ausgearbeitet:

► Arbeitsmarktzugang für Flüchtlinge
► Studium für Flüchtlinge
► Ausbildung und Qualifizierung für Flüchtlinge
► Allgemeine Informationen zu Flucht und Asyl
► Zusammenstellung von Informationsseiten und -portalen
► Zusammenstellung von Sprachguides für Flüchtlinge

Diese Informationen werden über die über die Rubrik Infos & Fakten veröffentlicht. HelpTo tritt an dieser Stelle also auch als eine Art Dienstleister auf, der Engagierte, potenzielle Arbeitgeber und Geflüchtete mit Informationen versorgt.

Weitere Aktivitäten im Zusammenhang mit dem Portal

Aktivitäten abseits des Portals geben dem HelpTo-Team Gelegenheit, mit Interessierten ins Gespräch zu kommen. Dabei geht es immer darum, das Portal bekannt zu machen, aber ebenso mit den Menschen über die Themen Integration und soziales Engagement ins Gespräch zu kommen. HelpTo versteht sich als mehr als ein reines Online-Portal. Wir möchten Integration, Teilhabe und Engagement auch im direkten Kontakt mit den Menschen voranbringen. Neben dem Betrieb und der technischen Weiterentwicklung des Portals kommen daher immer wieder verschiedene zusätzliche Teilprojekte hinzu.

Im Zusammenhang mit der Bekanntmachung des Portals im Land Brandenburg besucht das Team von HelpTo regelmäßig Veranstaltungen und Vernetzungstreffen, um über das Portal und seine Möglichkeiten zu informieren. In diesem Rahmen ist im Sommer 2016 eine Ausstellung entstanden, in der erwachsene Geflüchtete von ihren Wünschen für ihr Leben in Deutschland berichten und geflüchtete Kinder ihre Wünsche und Ideen in Bildern zum Ausdruck bringen. Die Ausstellung wird auf Veranstaltungen genutzt, um mit den Menschen ins Gespräch zu kommen. Dabei werden sie aufgefordert als Antwort ihre Wünsche für eine erfolgreiche Integration in Form eines kurzen Statements zu formulieren.

Abbildung 2: Mal- und Schreibaktionen in Potsdamer Flüchtlingsunterkünften

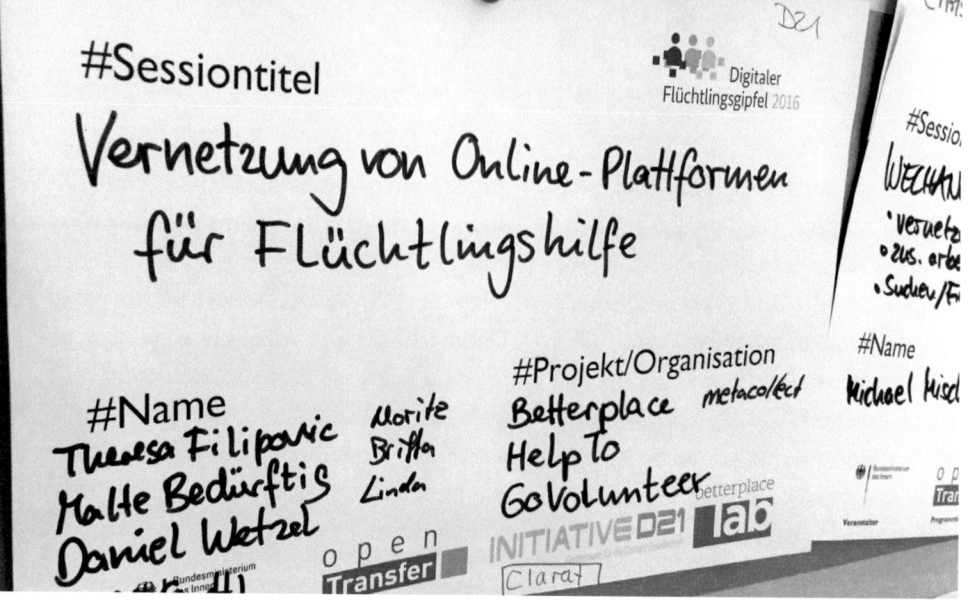

Abbildung 3: Die Plattformen HelpTo, Betterplace, Metacollect und GoVolunteer bieten eine gemeinsame Session auf dem digitalen Flüchtlingsgipfel an

Im Oktober 2016 entstand ein Erklärvideo zum Thema Arbeitsmarktzugang für Geflüchtete. Das Video ist in Deutsch mit englischen Untertiteln verfügbar und wird über das Help-To-Portal und die sozialen Netzwerke, den Nutzerinnen und Nutzern von HelpTo und weiteren Gruppen zugänglich gemacht. Es soll Flüchtlingen als Orientierung dienen, richtet sich aber auch an Helferinnen und Helfer und Initiativen sowie Unternehmen und die Arbeitgeberseite. Vor allem Flüchtlinge und Helferkreise sollen einen Nutzen daraus ziehen, um den Status eines Flüchtlings bis hin zu den rechtlichen Bedingungen, die für eine Arbeitsaufnahme erforderlich sind, unterscheiden zu können.

Arbeitgebern wird veranschaulicht, was bei der Einstellung von Flüchtlingen zu beachten ist und welche Fördermöglichkeiten es gibt.

Über einen Newsletter werden Interessierte regelmäßig mit Informationen rund um die Themen Integration und Engagement informiert. Jeder Newsletter widmet sich einem bestimmten Thema und stellt hilfreiche Informationen und Handreichungen vor, informiert über Fördermöglichkeiten und passende aktuelle Angebote und Gesuche. Der Newsletter wird mittlerweile an über 600 Empfänger/innen[9] versendet.

Im Sommer 2016 nahm HelpTo am digitalen Flüchtlingsgipfel in Berlin teil, den das Bundesministerium des Innern zusammen mit der Spendenplattform Betterplace, der Initiative D21 und OpenTransfer ausgerichtet hat. Ziel des Gipfels war eine stärkere Vernetzung digitaler Angebote im Bereich der Flüchtlingshilfe. Aus der Idee der Vernetzung und der Zusammenarbeit, um Ressourcen zu schonen und gemeinsam mehr zu erreichen, wurde im Anschluss an den Flüchtlingsgipfel die Helfer-Allianz ins Leben gerufen. Diese soll in Zukunft eine Plattform zur Vernetzung und Zusammenarbeit verschiedenster digitaler Lösungen darstellen. Mit einer gemeinsamen Stimme dieser verschiedenen Initiativen können Projekte wie HelpTo nicht nur eine größere Reichweite erzielen, sondern auch gegenüber Akteuren aus Politik und Verwaltung selbstbewusster auftreten.

Daniel Wetzel, Projektkoordinator, auf dem digitalen Flüchtlingsgipfel

5. Erfolgsfaktoren

HelpTo gibt es im Sommer 2016 in knapp 80 Landkreisen und kreisfreien Städten. Die Nutzung eines Portals ist von verschiedenen Faktoren abhängig, u.a. der Größe der Stadt oder des Landkreises und der Anzahl der aufgenommenen Flüchtlinge. Landkreise, die dicht besiedelt sind und viele Flüchtlinge aufnehmen, haben naturgemäß größere Bedarfe als ländliche Gebiete. Auch die vorhandene Helferstruktur, ihr Organisationsgrad und das Vorhandensein von Koordinationsstellen sind weitere wichtige Faktoren. Abgesehen davon hat das Team mit jeder Freischaltung eines neuen Portals Erfahrungen gesammelt: Wie gut wird das Portal angenommen? Wie verläuft die Zusammenarbeit mit ortsansässigen Akteuren? Insgesamt zeigte sich eines deutlich: Ein Online-Portal ist kein Selbstläufer, sondern braucht engagierte Menschen, die es bekannt machen und es selbst nutzen. Sowohl der Start als auch die Pflege und Etablierung eines Portals sind arbeitsintensive Prozesse.

Damit Hilfeportale wie HelpTo von möglichst vielen Menschen genutzt werden, braucht es die Zusammenarbeit mit den Menschen und Organisationen, die vor Ort aktiv sind. Sie machen eine Plattform wie HelpTo in ihren Netzwerken bekannt. Zu einem erfolgreichen Start braucht es vor Ort mindestens einen, besser mehrere gut vernetzte Partner. Bei HelpTo waren dies in der Regel die Stadt- und Landkreisverwaltungen, Träger der freien Wohlfahrtspflege, einzelne Kommunen oder gut vernetzte Willkommensinitiativen.

1. Kooperationen

Die ortsansässigen Kooperationspartner helfen dabei, HelpTo vor Ort bekannt zu machen. Sie sind Mittler zur regionalen Presse, über die der Start eines Portals bekannt gegeben wird. Kommunen und Landkreise kündigen den Start ihres Portals auch über ihre eigenen Kanäle (Webseite, Facebook-, Twitter- oder Youtube-Kanal, Amtsblätter etc.) an. So berichtete etwa der Pforzheimer Oberbürgermeister Gert Hager auf seinem YouTube-Kanal über den Start und empfahl, das Portal aktiv zu nutzen.[10] Landkreise und Kommunen stellen HelpTo auf ihren Informationsseiten zum Thema Flucht und Asyl als möglichen Ansprechpartner ein und verlinken auf die Seite. Weiterhin übernehmen die Städte- und Landkreise auch Aufgaben im Bereich der Öffentlichkeitsarbeit, etwa durch das Verteilen von Flyern in ihren Netzwerken.

2. Bekanntheitsgrad

Nach dem Start muss das jeweilige HelpTo-Portal einen möglichst hohen Bekanntheitsgrad erreichen. Nur wer HelpTo kennt, kann es selbst nutzen und anderen empfehlen. Dazu dienen einerseits Kooperationen mit ortsansässigen Partnern, andererseits aber auch die eigene Presse- und Öffentlichkeitsarbeit. Die Initiativen und Willkommensgruppen in den Landkreisen und kreisfreien Städten gehören deshalb ebenfalls zur Gruppe der Akteure, die unbedingt in die Kommunikation eingebunden werden müssen. Ehrenamtlich Aktive sind einerseits selbst Zielgruppe: Sie nutzen das Portal, um für ihre Projekte Sachspenden und Mitstreiter/innen zu suchen. So inserierten in den vergangenen Monaten zahlreiche Projekte, die etwa Fahrräder für Flüchtlinge suchten, um diese gemeinsam zu reparieren und den geflüchteten Menschen zu überreichen. Zugleich sind die Ehrenamtlichen aber auch in der Rolle eines Multiplikators: Einerseits gegenüber den Flüchtlingen, die sie betreuen bzw. zu denen sie Kontakt haben, anderseits zu anderen ehrenamtlichen Gruppen und Projekten. Nicht alle Willkommensgruppen haben eine eigene Webseite, einige sind teilweise nur schwer über das Internet aufzufinden. Auch andere ortsansässige Vereine (zum Beispiel freiwillige Feuerwehren, THW, Landfrauen, Naturschutzgruppen) können das Portal nutzen, um auf sich aufmerksam zu machen. Durch die lokalen Netzwerke können auch solche Gruppen erreicht werden, und mit einem eigenen HelpTo-Profil sogar besser auffindbar sein als vorher.

3. Multiplikatoren

Engagierte Multiplikatoren tragen zu einem erheblichen Teil zum Erfolg eines neuen Portals bei. So können etwa einzelne Personen, die von dem Projekt überzeugt sind, den Bekanntheitsgrad und die Nutzung erheblich fördern. Eine engagierte Mitarbeiterin der Stadt Ludwigsburg in Baden-Württemberg etwa hilft nicht nur dabei, Flyer zu verteilen und ihre Netzwerke zu informieren. Sie nutzt das Portal selbst aktiv, indem sie als Mitarbeiterin im Bereich der Flüchtlingskoordination über ein eigenes HelpTo-Profil Termine und Informationen teilt, die einzelne Engagierte ihr zuleiten, und so allen zugänglich macht. Gleichzeitig animiert sie ihr Netzwerk dazu, ihre Angebote selbstständig auf dem Portal einzustellen.

Multiplikatoren erreichen nicht nur ihre eigenen Netzwerke und Personenkreise, die Ortsfremden verschlossen bleiben, sie können auch diejenigen überzeugen, die einer Online-Vernetzung ablehnend gegenüberstehen. Sie können zudem im Bereich der verschiedenen Communities in der Gruppe der Geflüchteten zum Bekanntheitsgrad des Portals beitragen.

4. Niedrigschwelligkeit und Benutzerfreundlichkeit

Um Menschen zu motivieren, ein Angebot oder Gesuch online einzustellen, muss die Website klar strukturiert, übersichtlich und einfach in ihrer Handhabung sein. Bei der Registrierung werden von den Nutzer/innen nur eine E-Mail-Adresse und ein Passwort benötigt. Weitere, personenbezogene Daten werden nicht abgefragt.

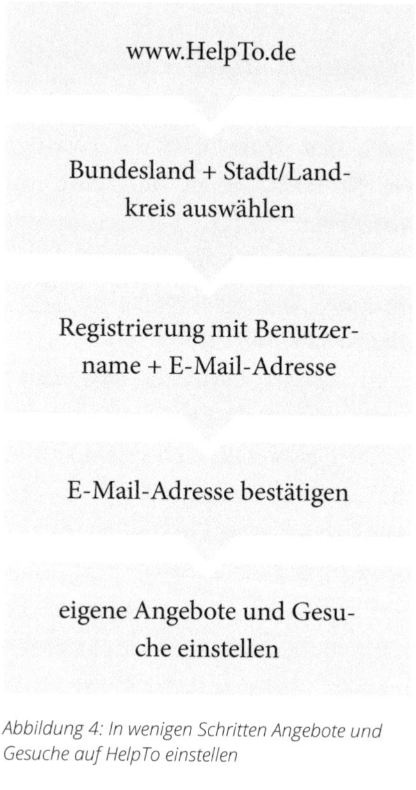

www.HelpTo.de

Bundesland + Stadt/Landkreis auswählen

Registrierung mit Benutzername + E-Mail-Adresse

E-Mail-Adresse bestätigen

eigene Angebote und Gesuche einstellen

Abbildung 4: In wenigen Schritten Angebote und Gesuche auf HelpTo einstellen

In Sachen Einfachheit gilt es in verschiedenen Bereichen abzuwägen. So zeigte sich etwa nach kurzer Zeit, dass im Anmeldeverfahren Sicherheitshürden eingebaut werden mussten, um Spam-Angebote auf der Seite zu verhindern. Gleichzeitig kann dies dazu führen, dass Nutzer/innen, die noch geringe Deutschkenntnisse haben, das Anmeldeverfahren nur schlecht verstehen. Eine Lösung dafür hatte die Freiwilligenagentur in Cottbus, die anbot, Flüchtlingen eine Einführung in HelpTo zu geben, bzw. gemeinsam mit Ihnen die Anmeldung durchzuführen. Im Sommer 2016 ist außerdem noch ein mehrsprachiger Flyer entstanden, der Flüchtlinge unter anderen auf Arabisch, Farsi und Urdu informiert.

Angebot einer Migrantenberatungsstelle in Potsdam

Für das Einstellen von Angeboten und Gesuchen steht den Nutzer/innen ein freies Textfeld zur Verfügung. Dies ist einerseits ein Vorteil: So kann das Feld unter anderem auch genutzt werden, um Veranstaltungen oder Informationsbroschüren für Ehrenamtliche zu verbreiten. Gleichzeitig kann es für manche Nutzer/innen auch einfacher sein, einen Fragebogen mit konkreten Fragen auszufüllen.

6. Auswertung: Das Potsdamer Hilfe-Portal im Zeitverlauf

Insgesamt konnten im Zeitraum von Oktober 2015 bis Juli 2016 1.005 Einträge auf dem Potsdamer Help-To-Portal registriert werden. Davon waren 615 Angebote und 390 Gesuche (Abbildung 4). Diese Zahlen verdeutlichen die große Hilfsbereitschaft der Potsdamer Bevölkerung.

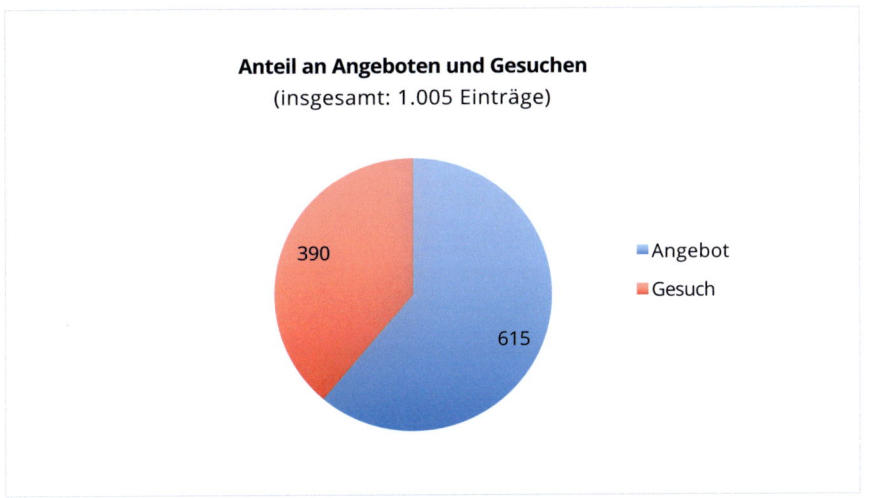

Abbildung 5: Anteil an Angeboten und Gesuchen auf dem HelpTo-Portal für Potsdam

Insgesamt betrachtet überwiegen Angebote die Gesuche: Etwa zwei Drittel der Anzeigen sind Angebote. Das zeigt, dass HelpTo im untersuchten Zeitraum stärker diejenigen angesprochen hat, die helfen und spenden wollten, als diejenigen, die Hilfe und Unterstützung suchten. Einhergehend mit der größeren Zahl der Anzeigen im Bereich Sachspenden lässt sich schließen, dass die durchschnittliche HelpTo Nutzerin bzw. der Nutzer eine Person ist, die Sachen spenden möchte, um anderen damit zu helfen. Die Zielgruppe derer, die Unterstützung sucht, macht dagegen nur ein Drittel der Anzeigen aus. Hier stellt sich die Frage, ob insgesamt die Nachfrage geringer ist, oder ob diese Gruppe ihre Bedarfe anderweitig decken konnte, also zum Beispiel über andere Netzwerke oder lokale Medien, oder ob die vorhandenen Bedarfe nicht gedeckt wurden und die Zielgruppe HelpTo nicht kannte.

Allgemein kann man bei den Einträgen auf dem Portal zwischen **Sachspenden** auf der einen Seite und **Integrationsangeboten**[11] auf der anderen Seite unterscheiden. Im Bezug auf das Verhältnis zwischen Angeboten und Gesuchen, also Einträgen von Menschen, die Hilfe anbieten (Angebote) und Menschen, die Hilfe suchen

(Gesuche), zeigen sich Unterschiede je nach Kategorie, wie in Abbildung 5 exemplarisch an drei ausgewählten Kategorien deutlich wird. Während in der Kategorie Sachspenden die Angebote überwiegen, ist das Verhältnis in der Kategorie Sprache genau ausgewogen. In der Kategorie Wohnen dreht sich das Verhältnis dagegen um. Dort gibt es bedeutend mehr Gesuche als Angebote, was mit dem angespannten Wohnungsmarkt in Potsdam erklärt werden kann.

Die Auswertung der gesammelten Daten zeigt, dass im Verlauf die Gesamtzahl der eingestellten Angebote

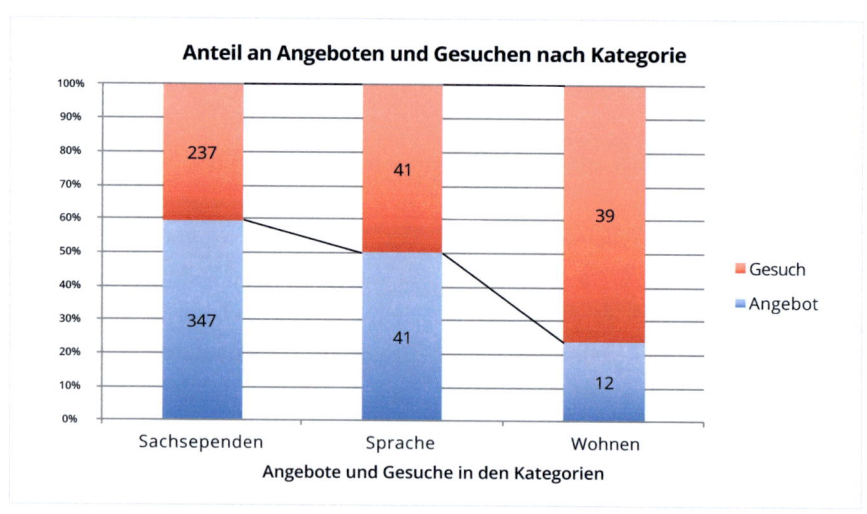

Abbildung 6: Anteil an Angeboten und Gesuchen nach Kategorien auf dem HelpTo-Portal für Potsdam

und Gesuche pro Monat sinkt, unabhängig davon, ob es sich um Anzeigen aus dem Bereich Sachspenden oder Integration handelt (Abbildung 6). Zwischen Februar und Juli 2016 pendelt sich die Anzahl zwischen 60 und 80 Anzeigen je Monat ein, nachdem es im Herbst und Winter zunächst ein sehr großes Aufkommen an Angeboten gegeben hat. Dieses Absinken der Angebote geht auch mit der medialen Wahrnehmung des Themas einher: Berichteten die Medien anfangs noch täglich und ausführlich über Flüchtlinge und deren Versorgung sowie insgesamt über das Thema Flucht, ging das mediale Interesse an diesen Themen ab dem Frühjahr 2016, spätestens aber nach Schließung der Balkanroute im März 2016 zurück. Durch die Schließung der Fluchtroute kamen in den Unterkünften in Deutschland deutlich weniger Menschen an, als in den Wochen zuvor. Dieser Sachverhalt führte dazu, dass in den Unterkünften entsprechend weniger Hilfe und Sachspenden gesucht wurden, was wiederum Auswirkungen auf die lokalen Medien und die allgemeine Wahrnehmung hatte. Klar ist jedoch auch, dass das Potsdamer HelpTo-Portal auch nach Schließung der Balkanroute weiterhin eine stabile Nachfrage hat und rege genutzt wird.

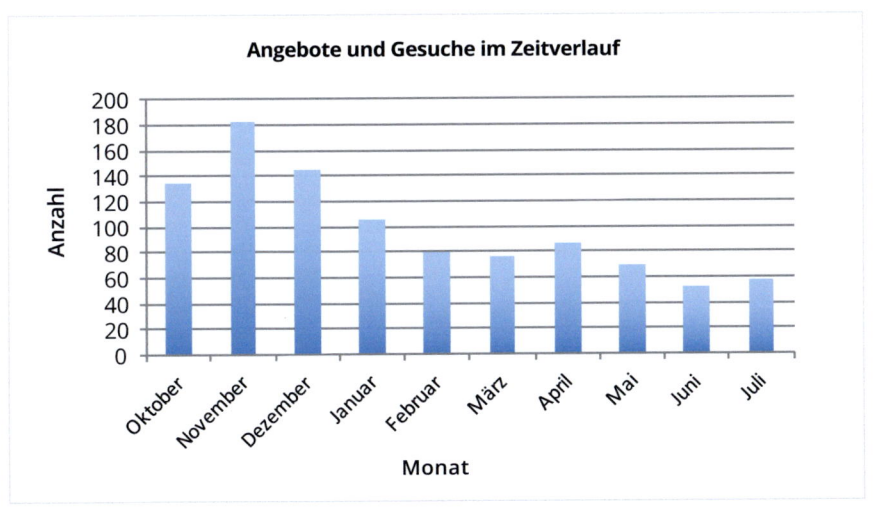

Abbildung 7: Angebote und Gesuche im Zeitverlauf auf dem HelpTo-Portal für Potsdam

Betrachtet man die Kurven für die Sachspenden und Integrationsangebote getrennt voneinander (Abbildungen 7 und 8), zeigt sich, dass die Anzeigen im Bereich Sachspenden deutlich stärker abnehmen als im Bereich Integration. Der Bereich Integration pendelt sich ab Dezember bei Werten um 30 Angebote monatlich ein (wohlgemerkt: meist langfristigere Angebote als im Bereich Sachspenden). Es zeigt sich jedoch auch, entgegen der wahrgenommenen Realität: Im Bereich Integration ist der Höhepunkt der Anzeigenzahl ebenfalls im November 2015 zu verzeichnen. Erst im Juli 2016 ist ein erneuter leichter Anstieg zu erkennen. Hier wäre eine weitergehende Datensammlung für August 2016 und die Folgemonate interessant. Insgesamt wird deutlich, dass der Bereich Integration weniger starken Schwankungen unterliegt als der Bereich Sachspenden.

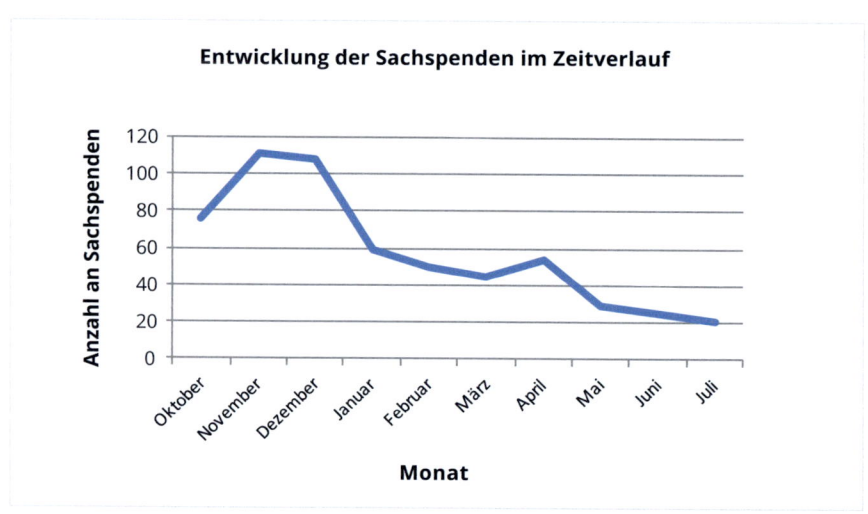

Abbildung 8: Entwicklung der Sachspenden im Zeitverlauf auf dem HelpTo-Portal für Potsdam

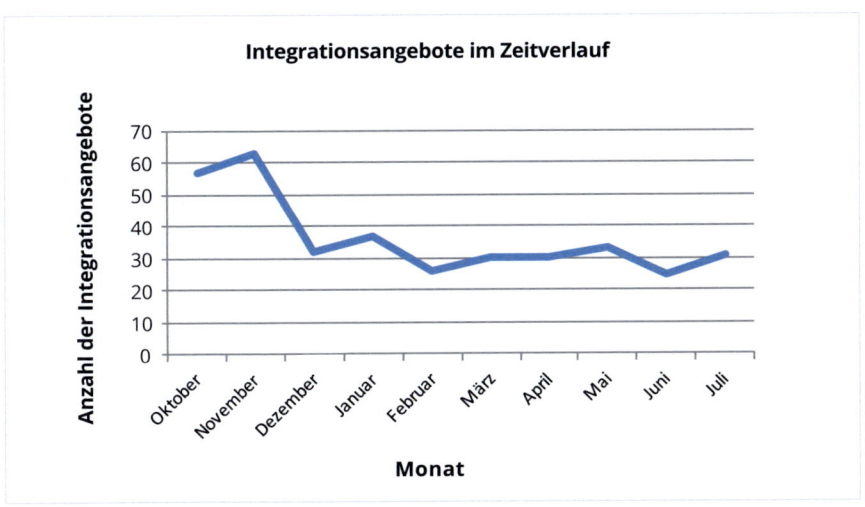

Abbildung 9: Integrationsangebote im Zeitverlauf auf dem HelpTo-Portal für Potsdam

Angebote und Gesuche der Kategorie Sachspenden überwogen im untersuchten Zeitraum deutlich mit 58 Prozent (Abbildung 9). Aus den Zahlen geht jedoch nicht hervor, dass Angebote im Bereich der Integration über eine längere Dauer, manchmal sogar über Monate hinweg aktuell geblieben sind, während Sachspenden nur kurz im Portal auftauchten und nach ihrer erfolgreichen Vermittlung wieder gelöscht wurden. In Abbildung 9 ebenfalls nicht enthalten sind Profile von Initiativen und Organisationen, die dauerhaft angelegt sind und Integrationsangebote enthalten. Für das Potsdamer Portal sind dies insgesamt 42 Profile, die verschiedene Bereiche der Integration abdecken, etwa Angebote im Bereich Bildung oder die Selbstvorstellung von Flüchtlingsunterkünften und Willkommensinitiativen und deren jeweilige Angebote und Ansprechpartner.

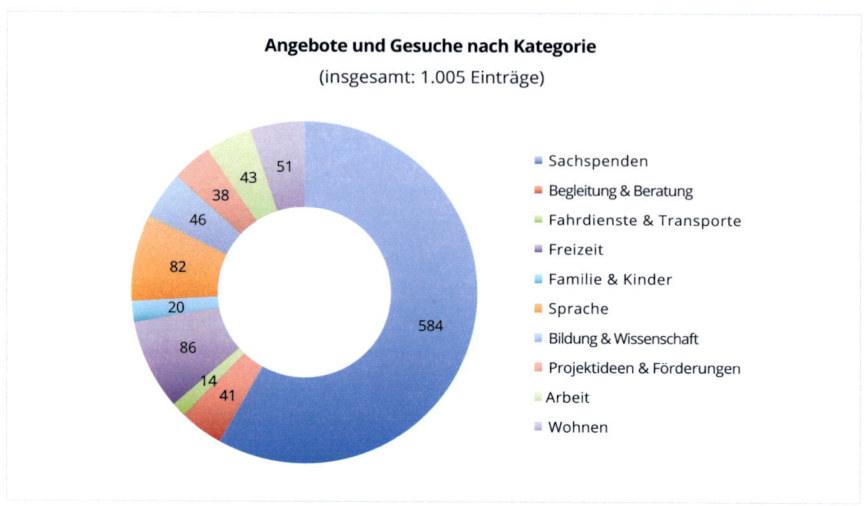

Angebote und Gesuche nach Kategorie
(insgesamt: 1.005 Einträge)

584 · 51 · 43 · 38 · 46 · 82 · 20 · 86 · 14 · 41

- Sachspenden
- Begleitung & Beratung
- Fahrdienste & Transporte
- Freizeit
- Familie & Kinder
- Sprache
- Bildung & Wissenschaft
- Projektideen & Förderungen
- Arbeit
- Wohnen

Abbildung 10: Angebote und Gesuche nach Kategorien auf dem HelpTo-Portal für Potsdam

Die Oberkategorie Sachspenden ist wiederum in verschiedene Unterkategorien untergliedert (Abbildung 10). Besonders viele Angebote und Gesuche gab es in den Kategorien Möbel & Einrichtungen, Bekleidung, Spielzeug & Kinderbedarf und Haushalt. Die Kategorien Hygieneartikel, Schule & Bildung und Sport & Freizeit waren dagegen weniger stark nachgefragt. Bei den beiden letzteren kann der Grund sein, dass es diese Kategorien als Oberkategorien außerhalb der Sachspenden ebenfalls vorhanden sind und einige Nutzerinnen und Nutzer ihre Angebote und Gesuche stattdessen dort eingestellt haben. Gerade Möbel, Bekleidung und Spielsachen sind Dinge, die Menschen regelmäßig aussortieren und abgeben. Daher ist es nicht verwunderlich, dass es besonders viele Angebote in gerade diesen Kategorien gibt.

Bei den Integrationsangeboten überwiegen die Einträge in den Kategorien Freizeit und Sprache. Als Angebot sind dies häufig Aktivitäten im Bereich der Freizeitgestaltung und Sprachpartnerschaft / Tandem, die viele Menschen ohne großes Wissen oder Aufwand anbieten können. Davon abgesehen ist die Verteilung der Angebote und Gesuche in diesem Bereich aber relativ gleichmäßig.

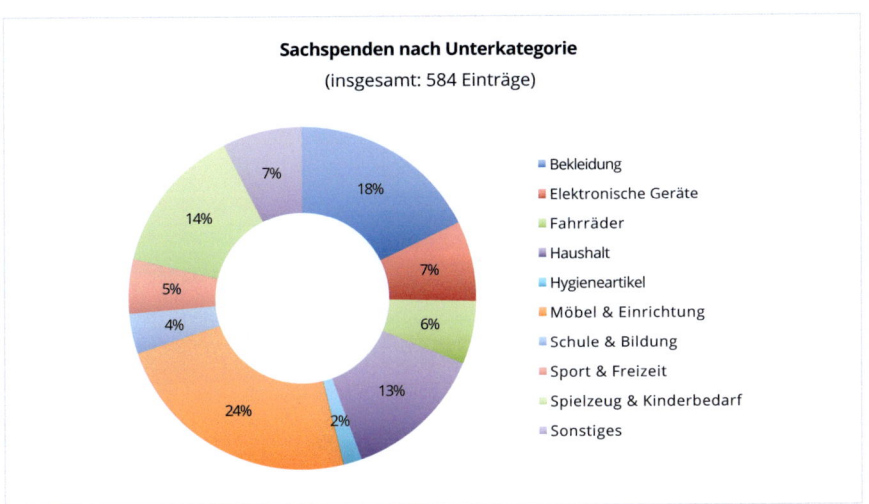

Abbildung 11: Sachspenden nach Unterkategorien auf dem HelpTo-Portal für Potsdam

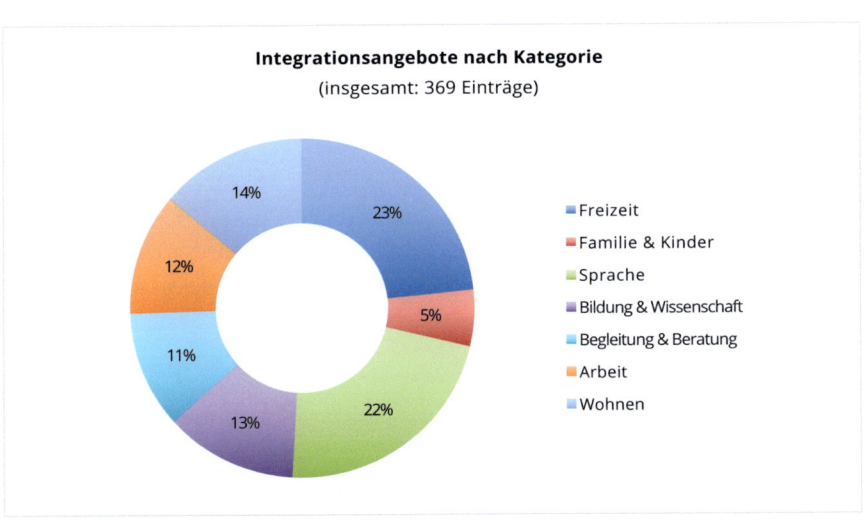

Abbildung 12: Integrationsangebote nach Kategorie auf dem HelpTo-Portal für Potsdam

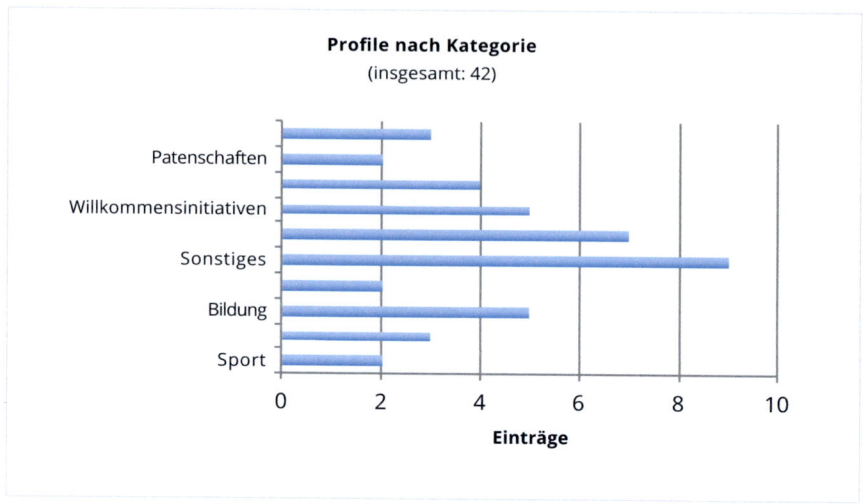

Abbildung 13: Anzahl der Profile nach Kategorie

Ein Blick auf die Profile im Potsdamer Portal zeigt: Das Angebot ist stark durchmischt und deckt verschiedenste Bereiche der Flüchtlingshilfe ab. Interessant sind hier die Profile der Wohn-Unterkünfte, die zeigen, dass sich nicht nur Ehrenamtliche für das Portal interessieren. Ähnlich wie etwa Profile von Kommunen oder Integrationsbeauftragten kommen hier Akteure ins Spiel, die Flüchtlingshilfe auf einer Meta-Ebene koordinieren: hier wird also nicht direkt Hilfe von Ehrenamtlichen an Flüchtlinge koordiniert, sondern es werden von einer höheren Ebene aus Ehrenamtliche angesprochen und koordiniert.

7. Von der Nothilfe zum Integrationsportal

Für den untersuchten Zeitraum lassen sich auf dem Potsdamer HelpTo-Portal verschiedene Entwicklungen beobachten. Die These, dass es einen Wandel von der Nothilfe zu nachhaltigen Integrationsangeboten gegeben hat, kann anhand der vorliegenden Ergebnisse insgesamt gestützt werden, fällt aber weniger deutlich aus als angenommen.

Die Tatsache, dass insbesondere im Bereich Sachspenden die Gesamtzahl der Angebote und Gesuche zurückgegangen ist, unterstützt die These einer Entwicklung hin zu mehr Integrationsangeboten. Während die Sachspenden über die zehn Monate hinweg starken Schwankungen unterliegen, sind Integrationsangebote stabil über den gesamten Zeitraum hinweg vertreten. Weiterhin zur Stabilität des Bereiches Integration trägt der Sachverhalt bei, dass die Angebote im Bereich Integration langfristigen Charakter haben. Über die Zeit stabil geblieben sind ebenfalls die Profile der verschiedenen Träger von Angeboten zur Integration.

Allerdings zeigt die Untersuchung auch: Integrationsangebote spielten im Portal von Anfang an eine wichtige Rolle. Ebenso wie die Sachspenden gab es auch bei den Integrationsangeboten im November 2015 einen Höhepunkt, der mit dem Höhepunkt der medialen Berichterstattung zum Thema Flucht einhergeht. Die Vermutung, es könnten sich zwei gegenläufige Kurven ergeben (also: Sachspenden sind zu Beginn stark vertreten und nehmen dann ab; Integrationsangebote sind zu Beginn nur in geringem Maße vorhanden und steigen dann an) konnte in der Untersuchung nicht in dem Maße bestätigt werden wie angenommen. Interessant wäre hier gewesen, sich die angebotenen Sachspenden nochmals im Detail anzusehen und zu erfassen: Gibt es im Bereich der Sachspenden eine Entwicklung? Eine Entwicklung von der Nothilfe zur Integration kann auch dadurch zum Ausdruck kommen, dass beispielsweise anfangs Dinge wie Hygieneartikel, Decken, Handtücher und Kleidung gespendet wurden, während nach einigen Monaten Möbel für die erste Wohnung, Fahrräder oder Spielsachen verschenkt wurden.

Die Frage, inwieweit Integrationsangebote an Bedeutung gewinnen, macht die Erhebung von Daten über einen längeren Zeitraum interessant. Wird die Schließung der Balkanroute im März 2016 als Wendepunkt gesehen, ab dem deutlich weniger Flüchtlinge nach Deutschland kamen, ist das Ende des Untersuchungszeitraums Anfang August relativ knapp bemessen. Weiterhin kamen und kommen auch nach der Schließung der Balkanroute weiterhin Flüchtlinge in Deutschland an, für die zunächst die Versorgung mit Sachspenden im Vordergrund steht.

8. Ausblick

Als Multi-Themen-Portal deckt Help-To sowohl die akute Hilfe in Form von Sachspenden, als auch langfristige und nachhaltige Unterstützungsleistungen, in Form von Integrationsangeboten ab. Die thematische Offenheit führte dazu, dass sich das Portal, im Gegensatz zu verschiedenen Insellösungen, überregional etabliert hat. Hinzu kommt, dass es sich bei dem Portal um eine Web-Anwendung handelt. Im Gegensatz zu einer gewöhnlichen Webseite zur Informationsdarstellung können die Nutzerinnen und Nutzer auf der Plattform selbst aktiv werden. HelpTo geht damit weit über die Funktion einer Webseite hinaus.

HelpTo hat sich in urbanen und ländlichen Regionen ebenso wie in Nord- und Süddeutschland etabliert und ist trotz sinkender Flüchtlingszahlen weiterhin nachgefragt. Der nächste logische Schritt muss daher der deutschlandweite Ausbau des Portals sein. Damit einher werden technische Neuerungen gehen, die auch bestehenden Nutzerinnen und Nutzer zahlreiche Vorteile bieten werden.

Der Digitale Flüchtlingsgipfel im Sommer 2016 gab den Anstoß zur stärkeren Zusammenarbeit verschiedener Projekte im Bereich der digitalen Flüchtlingshilfe und führte zur Gründung der Helfer-Allianz. In Zukunft wird es darum gehen, dass die etablierten Projekte verstärkt miteinander kooperieren werden – sei es im technischen Bereich, z.B. durch die Entwicklung gemeinsamer Schnittstellen, oder durch Informationsaustausch und Wissenstransfer. Das Ziel, gemeinsam mehr Menschen zu erreichen, vereint die verschiedenen Projekte.

Die große Hilfsbereitschaft im letzten Jahr hat gezeigt: Viele Menschen sind bereit, sich in ihrer Umgebung sozial zu engagieren. Die Integration der im letzten Jahr zu uns gekommen Menschen wird eine Aufgabe für die kommenden Jahre bleiben. Umso wichtiger ist es, soziales Engagement zu stärken und zu unterstützen. Dabei ist es egal, ob sich Menschen im Bereich der Flüchtlingshilfe oder für anderen Hilfesuchende engagieren. Die Ereignisse der letzten Monate können also auch ein Anstoß sein, gesellschaftliches und soziales Engagement insgesamt wieder stärker in den Fokus zu rücken. Ehrenamtliches Engagement braucht unterstützende Strukturen und Wertschätzung, das ist in den vergangenen Wochen deutlich geworden.

Als Multi-Themen-Portal ist HelpTo nicht an das Thema Flüchtlingshilfe gebunden. In Zukunft kann das Portal zur zentralen Anlaufstelle werden für alle Belange rund um soziales Engagement, gegenseitige Unterstützung und nachbarschaftliche Vernetzung. Schließlich sind auch Geflüchtete selbst nicht nur Hilfeempfänger/innen, sondern können selbst auch aktiv andere unterstützen und sich engagieren. HelpTo kann damit nicht nur ein Integrationsportal sein, sondern auch Empowerment ermöglichen, und zwar für die gesamte Gesellschaft. Die nachbarschaftliche Vernetzung und gegenseitige Unterstützung funktioniert über soziale und nationale Grenzen hinweg und ist unabhängig von kommunalen Akteuren und Strukturen.

Anhang: Adressnetzwerk Potsdam

- ▶ IQ Netzwerk Brandenburg: Arbeitsmarktintegration für Migrant/innen. Henning-von-Tresckow-Str. 2-13, 14467 Potsdam
- ▶ Flüchtlingsarbeit im evangelischen Kirchenkreis Potsdam. Rudolf-Breitscheid-Straße 64 (HH), 14482 Potsdam.
- ▶ Ref.connect: ehrenamtliche Sprachmittlung in der Flüchtlingsarbeit. Neuendorfer Straße 39a, 14480 Potsdam.
- ▶ focus – Familienbildungs- und Informationszentrum für neu zugewanderte Familien. Dortustraße 46 (Rechenzentrum Potsdam), 14467 Potsdam.
- ▶ AWO Schatztruhe: Spenden- und Tauschladen für Kleidung und hauswirtschaftliche Gegenstände. Erlenhof 34, 14478 Potsdam.
- ▶ Diakonisches Werk Potsdam: Beratungsfachdienst für Migrant/innen. Rudolf-Breitscheid-Str. 64, 14482 Potsdam
- ▶ Hochschulgruppe PANGEA: Studentische Willkommensinitiative an der Universität Potsdam. Am Neuen Palais 10, 14469 Potsdam.

- ▶ Projekthaus Babelsberg / „Integration +": Bildungs- und Qualifizierungsangebote für Geflüchtete. Rudolf-Breitscheid-Straße 164, 14482 Potsdam.
- ▶ Nachbarschaftsinitiative Potsdam-West: Flüchtlingshilfe, Begegnungsfeste. Kantstr. 3, 14471 Potsdam.
- ▶ R.E.A.D. / Room for Emancipation, Access and Dialogue: Bibliothek, PC-Arbeitsplätze für Geflüchtete, Begegnungsort. Friedrich-Ebert-Str. 4, 14467 Potsdam.
- ▶ Sprach-Tandem Potsdam: Begegnungen zum Sprachen-Lernen. sprachtandem.potsdam@gmail.com
- ▶ Flüchtlingshilfe Babelsberg: Flüchtlingshilfe, Alltagsbegleitung. Am Havelblick 8, 14473 Potsdam.
- ▶ Neues Potsdamer Toleranzedikt: Interkultureller und interreligiöser Dialog (Anders als du glaubst, Das tolerante Sofa, etc.), Durchführung von Projekten für Weltoffenheit und Toleranz, Gutenbergstraße 62, 14467 Potsdam

Anmerkungen

[1] Potsdam verzeichnete Ende 2015 knapp 170.000 Einwohner/innen (Quelle: Stadt Potsdam, https://www.potsdam.de/content/bevoelkerung-einwohner-nach-stadtteilen)

[2] Die Kategorie „Projektideen & Förderungen" enthält hauptsächlich öffentliche und private Förderprogramme und Ausschreibungen, die sich in erster Linie an Ehrenamtliche richten.

[3] http://www.morgenpost.de/berlin/article208100449/Berlin-gehen-die-Fluechtlingshelfer-aus.html

[4] http://potsdam.helpto.de/de/stadt-info

[5] Potsdamer Toleranzedikt, Potsdam, 2008.

[6] Zitat nach Rudolf Zeeb, Pressemitteilung der Staatskanzlei Brandenburg, 20.05.2016, http://www.stk.brandenburg.de/cms/detail.php?gsid=bb1.c.445047.de

[7] Stand: September 2016

[8] Die Projektphilosophie ist nachzulesen unter: http://helpto.de/de/ueber-helpto/unsere-philosophie

[9] Stand: 6.09.2016

[10] http://www.gert-hager.de/2016/helfen-sie-mit-bei-helpto-pforzheim

[11] Zu Integrationsangeboten werden hier die Kategorien Begleitung & Beratung, Freizeit, Familie & Kinder, Sprache, Bildung & Wissenschaft, Arbeit und Wohnen gezählt.

Autor/innen

Prof. Dr. Heinz Kleger, geboren 1952 in Zürich, ist Philosoph und Soziologe und lehrt seit 1993 politische Theorie an der Universität Potsdam. Er ist Mitinitiator des Neuen Potsdamer Toleranzedikts.

Daniel Wetzel, geboren 1979 in Potsdam, ist Politikwissenschaftler und Geschäftsführer der Agentur medienlabor GmbH, die sich auf politische und gesellschaftliche Kommunikation spezialisiert hat. Er studierte Politkwissenschaften, Neuere Geschichte und Medienwissenschaften an der Universität Potsdam. Das Projekt HelpTo wurde von ihm entwickelt, er begleitet es als Koordinator seit Mai 2015.

Michaela Burkard ist Projektkoordinatorin bei HelpTo. Sie wurde 1986 in Mainz geboren und hat Politikwissenschaften und Soziologie an der katholischen Universität Eichstätt-Ingolstadt sowie der westfälischen Wilhelms-Universität Münster studiert.

Sebastian Gillwald war bis Ende 2016 Projektkoordinator bei HelpTo. Er wurde 1986 in Neubrandenburg geboren und hat Politik & Verwaltung und Anglistik/Amerikanistik an der Universität Potsdam sowie European Studies an der Europa-Universität Viadrina in Frankfurt/Oder studiert.